2022

WORD

SEARCH

LARGE PRINT

PUZZLE BOOK

FOR ADULTS

TABLE OF CONTENTS

WORD DIRECTIONS:

Horizontally forwards and backwards:

Vertically forwards and backwards:

Diagonally forwards and backwards:

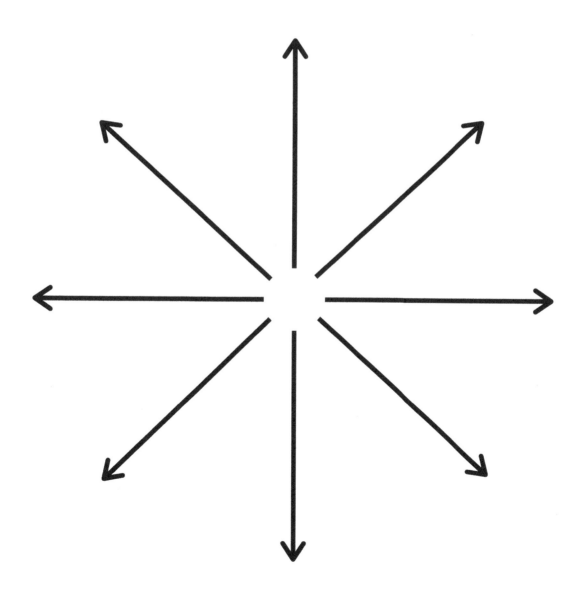

M	Q	L	F	C	Z	J	L	A	Y	O	L	S	I	D	C	T	I	L	D
I	G	D	C	T	X	D	N	U	F	N	Z	J	I	F	S	P	M	N	J
S	N	C	J	R	I	A	H	R	M	P	Z	L	U	E	F	G	Y	C	P
P	I	G	D	U	Z	U	P	B	P	H	B	G	I	V	N	Q	I	D	A
R	C	T	E	D	V	J	W	F	A	E	X	L	N	I	V	T	Z	P	W
O	A	R	S	N	I	A	D	R	O	P	E	S	G	I	A	L	S	J	N
N	F	W	U	E	V	I	T	A	I	T	I	N	I	M	R	R	Z	S	I
O	R	A	P	S	E	A	E	M	A	N	I	M	G	F	Y	U	H	L	N
U	U	E	B	X	Z	Y	B	T	G	W	Y	O	Z	E	Y	L	L	W	G
N	S	V	J	L	U	I	S	C	S	F	D	L	D	E	I	T	R	O	S
C	E	H	Y	D	R	O	T	H	E	R	A	P	Y	V	U	D	B	Z	Z
E	R	A	D	J	U	S	T	E	R	S	K	H	N	J	S	I	H	H	O
S	S	L	A	I	C	R	E	M	M	O	C	R	L	W	W	P	S	T	K
A	L	U	S	D	J	C	C	S	R	E	N	O	V	A	T	O	R	S	A
G	N	I	T	S	E	G	G	U	S	E	P	P	A	R	F	X	W	C	Y

FRAPPES RENOVATORS SORTIED

DISLOYAL ADJUSTERS STATELIEST

ORDAINS SWINGING MISPRONOUNCES

FUN RESURFACING SUGGESTING

HYDROTHERAPY COMMERCIALS PAWNING

DOGMATIC HAIR INITIATIVE

OKAY LURING

T	U	R	T	L	E	N	E	C	K	L	C	J	B	E	E	S	H	B	V
M	Z	S	N	S	D	P	S	W	I	L	E	Q	C	G	B	F	E	H	F
R	T	I	N	O	I	U	S	N	C	K	T	R	C	R	O	R	I	D	L
A	I	Y	Z	R	V	N	E	E	O	S	E	P	P	A	L	F	Q	Z	S
P	R	H	H	O	O	A	G	F	I	I	P	O	E	T	G	V	X	C	E
P	E	V	W	C	M	B	G	I	R	R	T	A	D	M	L	Z	L	S	S
E	L	A	H	E	O	S	U	N	N	E	O	A	W	Q	I	V	M	H	I
R	E	F	N	T	Z	M	A	S	I	G	T	T	I	N	N	F	Q	G	V
S	S	T	C	P	P	G	M	D	A	S	S	E	A	V	E	P	M	G	E
U	S	W	N	C	X	Y	W	I	A	K	S	A	N	M	E	D	Q	E	L
C	N	W	I	E	E	W	S	P	S	M	U	E	N	T	R	R	A	R	E
O	E	O	Z	X	Y	R	F	I	V	S	R	V	T	D	I	O	B	M	T
N	S	A	F	O	F	F	S	X	P	W	A	A	S	S	J	V	F	B	D
U	S	X	X	K	S	O	K	X	O	P	E	R	A	T	O	R	E	E	A
C	M	G	H	N	E	Y	G	Q	M	A	T	U	R	E	D	H	C	E	R

SUBORN   MATURED   SPAWNED

TELEVISES   LINEAMENTS   ABBREVIATIONS

RAPPERS   TURTLENECK   GERM

LINE   SINGING   HOSTESSING

TIRELESSNESS   REFORMATORIES   COMMISSAR

GLOBE   OPERATOR   ARMADAS

RETENTIVE   FA

3

Q	W	S	D	R	A	O	B	D	A	E	H	N	H	L	L	L	F	H	P
T	P	E	R	P	E	N	D	I	C	U	L	A	R	S	E	U	D	G	H
E	Z	S	G	N	I	Z	I	T	I	S	N	E	S	N	G	G	A	N	O
G	W	Y	E	S	Q	O	E	E	C	X	S	N	V	Y	D	G	V	I	T
D	P	V	F	I	V	I	S	T	O	G	N	I	Y	D	U	I	E	Z	O
I	A	T	R	B	R	B	Y	L	N	I	A	G	N	U	C	N	N	I	J
M	R	I	V	R	S	A	W	S	B	T	G	W	L	Z	G	G	P	C	O
F	E	S	T	I	V	I	T	Y	V	R	Y	D	A	X	X	C	O	I	U
P	R	I	N	T	O	U	T	I	E	N	S	A	H	L	C	D	R	T	R
H	D	T	S	E	L	L	U	F	N	R	U	O	M	H	F	V	T	N	N
S	T	E	W	A	R	D	S	U	W	G	K	V	A	W	M	H	S	A	A
J	A	L	B	A	C	O	R	E	S	V	I	N	Z	H	Y	N	W	M	L
Z	A	R	G	R	A	V	E	L	S	Z	C	D	Z	T	U	D	Y	O	I
D	H	Z	R	P	H	Y	L	D	R	E	P	E	J	K	V	B	R	R	S
S	N	B	D	X	P	F	D	H	L	K	L	I	D	L	B	R	X	G	T

CHANCEL

ALBACORES

DAVENPORTS

MOURNFULLEST

ROMANTICIZING

STEWARDS

PERPENDICULARS

INGOTS

CUDGEL

GRAVELS

PRINTOUT

LUGGING

PARE

FESTIVITY

UNGAINLY

MIDGET

DIGNITARIES

HEADBOARDS

PHOTOJOURNALIST

SENSITIZING

R	R	F	P	E	E	L	T	N	A	M	Y	J	V	U	Y	E	V	Q	X
Z	V	Y	W	I	L	X	B	G	Y	E	E	K	O	Z	S	A	B	Z	G
L	N	D	Q	G	R	E	T	S	A	M	K	S	A	T	P	K	J	L	I
A	Q	A	E	H	Q	B	I	F	E	L	O	I	R	O	A	P	I	U	T
C	Y	O	N	T	P	R	O	T	O	Z	O	A	N	A	L	M	A	N	I
C	I	E	O	S	D	P	L	U	S	U	P	V	N	Z	M	S	S	P	M
O	B	F	T	K	K	U	T	Z	E	Q	R	T	Z	E	M	E	Q	L	N
C	S	E	S	U	O	L	L	A	C	L	H	I	R	V	R	I	U	U	B
O	V	S	L	B	J	L	G	V	N	E	Z	I	Q	S	A	P	X	G	U
T	V	T	I	N	N	I	P	U	R	L	N	Z	Q	W	T	P	P	G	G
P	V	G	A	R	N	M	R	S	Q	G	C	G	U	P	S	O	O	I	L
E	S	V	H	V	I	Z	E	U	S	C	Y	I	B	G	U	L	J	N	E
R	W	T	C	V	D	X	W	E	E	B	Z	Q	T	Z	O	F	D	G	S
T	F	O	S	I	A	F	E	Z	X	W	B	N	T	T	R	M	H	V	U
S	L	J	Y	L	Q	N	S	F	B	I	N	Q	U	E	S	T	S	K	M

TASKMASTER	SEWER	LAPS
MANTLE	FLOPPIES	ANTHERS
PROTOZOAN	GUZZLE	BUGLES
ORIOLE	STREPTOCOCCAL	CALLOUSES
HAILSTONE	EIGHTS	INQUESTS
UNPLUGGING	PLUS	NIP
STAR	GLIMMERINGS	

5

Q	T	N	E	U	L	F	F	E	Q	J	P	J	T	A	H	I	U	E	E
R	T	U	F	D	H	S	M	O	O	T	H	E	S	T	O	D	C	I	L
E	Q	Y	I	W	E	A	T	H	E	R	I	Z	E	S	L	E	I	D	T
I	D	Y	L	L	U	F	E	S	O	P	R	U	P	M	F	P	Y	U	X
M	J	Y	L	I	C	C	P	R	A	T	F	A	L	L	S	A	V	F	H
B	D	S	G	D	Y	Y	L	T	N	E	U	L	F	F	A	C	R	J	E
U	E	X	P	R	E	S	S	I	O	N	L	E	S	S	S	S	E	R	S
R	X	T	D	V	F	A	K	D	H	Y	L	X	N	E	H	D	N	E	G
S	Y	L	G	Z	X	W	E	Y	E	L	A	R	I	P	S	N	N	S	I
E	Q	M	O	G	C	D	M	S	E	L	M	Y	Y	A	L	A	I	O	S
O	M	U	Y	U	R	I	N	B	E	R	E	X	R	C	V	L	P	L	M
H	X	Z	L	I	V	S	T	R	E	N	G	T	H	E	N	N	S	U	O
T	G	K	R	O	W	E	N	O	T	S	G	X	E	S	C	O	S	T	S
C	L	M	Z	N	T	T	R	U	C	K	L	O	A	D	S	T	M	E	L
D	E	S	A	L	I	N	A	T	I	N	G	A	F	O	R	W	M	V	I

LOUVER

AFFLUENTLY

REIMBURSE

DELETED

TRUCKLOADS

SPINNER

RESOLUTE

EXPRESSIONLESS

SMOOTHES

WEATHERIZES

PURPOSEFULLY

GISMOS

STONEWORK

DESALINATING

SPIRAL

ELLS

EFFLUENT

LANDSCAPED

STRENGTHEN

PRATFALLS

6

F	V	X	V	C	B	P	M	A	S	K	I	N	G	S	B	Z	T	U	G
T	T	B	Z	C	G	L	O	S	S	I	E	S	E	V	J	D	I	U	M
E	G	N	I	K	R	I	H	S	S	P	Y	N	C	C	X	R	S	E	T
L	A	C	E	S	H	V	Z	S	X	G	S	E	S	U	A	P	E	U	D
V	T	E	L	E	T	Y	P	E	W	R	I	T	E	R	S	O	C	Z	R
F	O	Y	S	E	G	N	I	T	S	E	G	I	D	X	I	N	I	Y	C
N	V	D	I	X	I	Z	C	U	S	T	A	R	D	S	U	N	L	L	W
R	E	W	P	P	A	T	D	D	L	Y	C	I	E	T	R	Y	P	E	Y
F	R	S	D	B	D	J	Z	V	Y	F	P	D	A	R	E	C	M	V	F
E	B	A	E	N	L	T	S	A	V	A	B	M	J	E	D	X	O	A	L
G	U	N	P	G	A	E	S	K	B	F	E	E	O	A	W	A	C	U	L
J	R	D	P	K	R	T	I	E	K	N	S	H	Q	K	O	U	S	S	X
L	D	A	O	H	E	L	N	U	E	P	Q	B	B	A	P	R	C	X	U
F	E	L	T	U	H	Z	E	V	E	L	B	M	E	S	S	A	S	I	D
G	N	Y	I	S	O	M	O	R	P	H	I	C	T	F	T	I	W	Z	D

HERALD

GLOSSIES

TOPPED

SANDAL

COMPLICES

OVERBURDEN

PAUSES

TELETYPEWRITERS

POWDER

ISOMORPHIC

ENEMA

CUSTARD

STREAK

LACES

DIGESTING

SUAVELY

AVAST

SHIRKING

DISASSEMBLE

MASKING

H	F	P	H	V	M	Y	E	K	C	C	N	A	G	A	P	I	A	W	Z
O	J	A	K	M	W	H	A	T	E	Y	O	H	N	J	N	B	P	S	W
S	Y	E	B	L	R	G	N	I	G	N	I	R	B	L	D	L	N	K	S
I	U	S	B	O	C	I	T	E	N	E	L	P	S	T	W	E	W	C	U
G	Y	A	E	G	S	R	W	Y	L	T	Z	U	Y	J	Q	S	H	A	A
N	T	D	M	S	N	Y	X	P	O	E	A	D	Y	H	O	S	F	J	U
I	N	L	E	V	P	I	H	P	K	C	M	E	P	E	R	E	K	K	K
F	L	T	K	O	N	Y	L	I	H	C	H	E	L	X	Z	N	A	C	S
I	U	F	H	N	L	H	L	E	V	U	O	O	N	P	V	E	T	A	G
C	S	V	E	Z	V	A	F	A	U	T	M	V	P	T	Y	D	M	L	J
A	T	U	E	F	E	A	F	Q	C	R	J	M	E	P	J	I	E	B	Y
N	S	W	Z	B	T	L	O	F	R	O	G	O	E	T	E	D	T	A	B
T	X	S	P	C	B	U	G	Q	U	Z	P	Y	M	R	O	R	G	B	S
E	T	U	B	I	R	T	N	O	C	B	D	A	S	Y	J	U	E	V	X
F	C	W	Z	P	U	N	C	H	U	E	K	Q	I	Q	P	F	S	D	M

BLACKJACKS	WHAT	HUMMER
SPLENETIC	AUKS	LESSENED
PAGAN	CONTRIBUTE	APOCALYPSES
PUNCH	GRUELING	CHOPPERED
ELEMENT	BRINGING	COVETOUS
SIGNIFICANT	LUSTS	PLEAT
VET	BUFFALOED	

8

P	T	V	I	X	Y	T	G	N	I	T	A	G	E	R	G	N	O	C	I
Y	N	O	G	A	R	R	A	T	D	Y	O	A	S	R	E	G	N	I	Z
G	K	R	K	E	V	M	F	N	V	D	L	C	M	X	V	U	U	P	M
O	Z	H	W	I	F	P	B	U	G	L	E	O	F	O	X	J	Z	L	Y
L	R	K	S	C	R	I	B	E	C	X	A	L	H	X	U	C	H	D	S
O	L	A	D	D	I	E	S	R	H	K	N	O	N	C	A	N	R	T	T
N	E	S	U	O	H	H	G	U	O	R	D	R	O	K	T	G	T	S	I
I	Z	V	F	T	Z	A	T	X	M	Q	E	A	X	Z	X	A	R	E	Q
M	I	F	U	A	E	K	U	U	E	L	R	T	X	G	U	E	H	R	U
I	N	Q	D	E	M	H	F	U	S	V	S	I	I	F	C	B	E	O	E
R	O	R	G	A	N	I	C	S	I	F	L	O	R	A	R	E	H	F	A
C	C	J	U	M	Q	N	V	H	C	U	P	N	R	V	B	P	K	F	G
S	T	S	I	L	E	U	D	I	K	W	O	L	J	R	F	C	A	A	Z
S	W	Z	Y	C	D	H	C	O	N	S	U	L	A	T	E	S	Q	F	R
D	W	R	S	S	E	N	E	V	I	T	P	E	C	R	E	P	N	Y	L

ROUGHHOUSE

ORGANICS

COLORATION

BUGLE

TARRAGON

SCRIBE

MYSTIQUE

ZINGERS

PERCEPTIVENESS

OLEANDERS

CRIMINOLOGY

CONGREGATING

LADDIES

AMOUNT

RACER

HOMESICK

HATCH

AFFOREST

CONSULATES

DUELISTS

9

R	Z	L	V	X	P	C	C	A	U	T	I	O	U	S	L	Y	U	I	J
P	S	R	B	I	L	I	N	G	U	A	L	S	O	Q	Y	N	N	D	P
N	B	Z	Z	H	X	W	F	B	Y	M	P	S	T	O	L	L	A	D	P
O	O	N	Z	H	I	M	P	O	R	T	U	N	A	T	E	D	Q	I	A
I	M	H	O	M	B	U	R	G	S	P	X	V	S	U	K	W	E	S	L
T	R	A	B	C	H	A	P	A	R	R	A	L	J	L	T	I	M	P	L
A	C	M	R	Z	E	H	S	I	B	B	O	N	S	Y	B	K	A	R	E
C	G	A	W	S	T	I	M	U	L	A	T	E	D	I	U	L	F	O	R
I	Z	L	R	A	S	S	I	G	N	M	E	N	T	S	V	C	T	V	B
L	Z	I	A	O	D	E	P	I	I	R	B	X	G	U	A	J	F	I	M
P	P	L	T	D	L	T	E	E	O	Z	P	B	W	D	H	C	A	N	U
U	H	I	L	H	D	I	N	T	N	M	U	W	E	Y	Q	W	A	G	M
D	L	T	A	J	E	E	N	V	C	R	D	T	M	J	T	F	X	F	B
E	G	U	X	S	B	R	N	G	E	H	S	S	U	B	G	R	O	U	P
R	A	W	N	K	T	A	M	G	Y	L	B	A	E	C	A	E	P	Z	O

SNOBBISH

ALLOTS

GLADDEN

PEACEABLY

IMPORTUNATED

UMBRELLA

CAUTIOUSLY

FLUID

CAROLING

STIMULATE

CADETS

ROT

SUBGROUP

ASSIGNMENTS

BILINGUALS

CHAPARRAL

ZITHER

DISPROVING

HOMBURGS

REDUPLICATION

10

S	G	G	E	Q	A	R	E	F	A	S	H	I	O	N	P	Y	I	U	J
E	E	H	F	E	H	G	C	L	E	F	T	E	D	O	O	L	O	B	Z
R	T	S	E	I	R	E	W	O	L	F	G	I	J	A	S	E	T	C	Z
U	U	S	D	R	A	O	B	H	C	T	I	W	S	S	R	V	T	O	L
T	M	T	O	L	D	B	L	N	R	I	B	I	E	S	U	I	S	M	O
U	F	R	Z	A	R	U	C	J	S	R	Z	Y	X	U	O	T	E	P	O
F	T	H	M	A	F	H	P	J	I	V	M	E	F	R	S	A	H	V	F
M	V	A	Z	L	V	S	D	E	R	N	Z	X	J	E	C	R	C	W	A
H	G	E	L	H	G	J	F	J	Z	W	Q	X	A	D	H	C	Z	W	H
Y	N	I	E	H	M	L	P	O	P	G	U	N	S	W	A	U	G	J	F
S	K	D	A	L	Y	E	L	D	O	O	B	A	C	H	R	L	O	I	L
S	X	R	T	J	B	F	Q	Z	I	B	O	C	U	G	Z	V	Y	A	N
T	H	S	F	R	N	I	B	R	E	G	U	L	A	R	J	V	M	C	C
H	Z	S	U	Q	O	L	O	E	C	N	A	T	N	I	A	U	Q	C	A
T	F	R	C	J	W	P	P	F	F	M	O	L	L	U	S	K	S	Y	T

SKILLFUL

ACQUAINTANCE

SWITCHBOARDS

LOOFAH

REFASHION

FLOWERIEST

FOIBLE

FUTURES

SOURSOP

ASSURED

PORT

LUCRATIVELY

REGULAR

CHEST

BRIEFLY

CABOODLE

CLEFTED

BRAZENS

POPGUNS

MOLLUSKS

11

U	K	A	D	U	L	T	T	W	W	E	N	D	Z	E	S	C	D	H	W
E	Q	F	I	D	U	C	I	A	R	I	E	S	N	O	D	U	T	K	W
V	C	O	P	C	I	N	E	M	A	T	O	G	R	A	P	H	E	R	S
X	T	E	U	A	A	P	H	V	H	S	E	O	C	S	E	R	F	S	R
N	I	M	L	T	A	G	R	S	C	E	N	I	C	A	L	L	Y	M	R
I	S	K	C	L	P	H	N	D	U	L	C	I	M	E	R	S	I	Y	C
N	Y	A	E	V	I	U	A	A	W	R	N	S	O	M	E	N	C	N	E
E	A	A	Q	Z	W	N	T	A	S	H	I	D	G	D	T	O	D	O	Z
T	R	P	U	D	L	H	G	T	W	D	O	P	A	N	R	V	Q	M	V
E	R	W	A	E	T	S	L	B	I	D	U	S	V	U	X	U	X	O	I
E	A	M	T	L	C	T	S	N	C	N	I	Q	I	Q	Z	M	K	H	K
N	S	Q	E	B	Y	I	G	T	Q	L	G	T	Y	K	I	Z	X	R	Q
T	I	J	L	M	P	Y	B	F	A	N	C	O	R	R	E	C	T	E	D
H	D	J	W	U	U	N	N	P	R	O	U	Y	E	B	Q	K	M	C	T
D	I	E	C	T	V	M	P	A	P	Y	R	I	P	J	O	L	D	J	Q

FRESCOES	SCENICALLY	CELLING
DISARRAYS	SANG	OUTPUTTING
OVUM	FIDUCIARIES	DULCIMER
SIDING	NINETEENTH	EQUATE
CORRECTED	ADULT	HOMONYMS
TUMBLED	PAPYRI	CINEMATOGRAPHERS
PALISADES	DODO	

12

S	E	H	S	I	R	U	O	L	F	X	T	R	E	L	A	P	S	E	D
B	N	I	J	A	A	F	F	L	E	S	H	E	D	T	I	Q	H	U	W
M	J	J	O	O	S	Y	L	E	V	I	S	S	E	C	X	E	B	D	I
T	N	E	M	E	C	A	L	P	L	S	K	A	N	W	N	J	X	E	J
X	U	B	H	H	I	N	T	E	R	D	E	P	E	N	D	E	N	C	E
T	L	I	Y	L	G	L	U	O	K	C	U	M	Y	X	L	E	R	O	S
C	Y	J	N	D	R	S	T	S	I	R	A	I	G	A	L	P	J	K	S
L	X	W	B	K	E	T	B	C	A	F	F	I	L	I	A	T	E	S	E
V	C	K	D	E	E	S	C	Z	P	I	L	L	A	G	E	S	P	P	Q
L	C	A	R	B	A	C	E	T	Y	L	E	N	E	L	Z	S	F	G	U
R	E	G	A	L	E	S	S	C	I	E	N	C	E	S	G	I	F	J	E
J	E	X	E	G	O	V	E	R	W	R	I	T	E	B	V	Z	W	O	N
D	A	J	L	W	S	E	I	F	I	T	C	N	A	S	B	J	U	N	C
S	E	N	S	A	T	I	O	N	A	L	I	S	M	W	P	B	A	H	E
C	I	T	C	B	R	Y	K	T	Y	I	P	P	E	D	S	Q	V	B	W

SENSATIONALISM   FLESHED   SCIENCES

BAH   PLACEMENT   INTERDEPENDENCE

SEQUENCE   FLOURISHES   ELAPSED

OVERWRITE   ACETYLENE   SANCTIFIES

AFFILIATES   DEGREE   EXCESSIVELY

PILLAGES   PLAGIARISTS YIPPED

BETTORS   REGALES

S	E	T	J	Y	R	S	E	T	A	M	I	T	S	E	R	E	V	O	U
M	X	X	L	L	I	E	X	C	R	E	S	C	E	N	C	E	S	A	T
O	P	I	K	S	P	Q	F	D	E	T	R	E	C	N	O	C	S	I	D
O	R	R	J	U	C	M	G	U	D	D	E	T	T	I	U	Q	C	A	N
R	E	G	A	O	O	Q	I	I	A	E	S	N	A	P	P	I	E	R	F
Y	S	N	F	E	R	U	N	H	K	T	Z	E	S	N	X	Z	L	R	B
A	S	I	S	T	D	A	R	Q	G	H	T	I	O	C	E	O	K	R	P
L	E	L	T	R	R	D	E	P	J	N	B	A	C	H	Z	W	Q	E	B
P	S	G	N	U	O	R	C	T	K	T	X	B	I	I	S	L	E	Q	Q
Q	O	N	A	O	O	U	O	V	M	M	O	R	T	N	T	W	D	S	T
W	S	A	L	C	M	P	I	P	P	L	K	E	C	J	M	I	O	R	T
J	W	M	A	S	F	E	L	K	T	S	Z	M	S	D	O	E	L	N	Q
G	R	E	H	I	U	D	P	I	R	U	P	A	Z	Q	Q	O	N	O	S
S	X	E	N	D	L	W	N	M	P	Q	I	R	J	B	T	Y	J	T	P
S	K	A	I	A	X	G	R	X	K	H	V	F	G	C	Z	E	F	Y	S

PLAYROOMS INHALANTS SNOWSHOES
ACQUITTED DISCONCERTED MANGLING
RECOIL EXPRESSES ROOMFUL
RIPCORD QUADRUPED EXCRESCENCES
DISCOURTEOUSLY POLITICIZED OVERESTIMATES
BOLTING SNAPPIER NEWEST
FRAMER ATTAINMENTS

14

Z	E	P	O	C	S	O	D	I	E	L	A	K	C	Q	S	S	L	I	G
F	L	A	S	H	I	N	G	C	I	C	M	A	A	E	U	E	Y	A	S
S	O	P	U	B	I	M	P	A	T	I	E	N	T	R	A	S	T	E	J
N	U	T	N	P	E	X	M	K	G	W	X	A	V	X	X	L	S	S	M
O	O	N	M	N	B	O	B	W	H	I	T	E	V	I	I	U	C	K	A
L	X	E	T	S	O	C	I	E	T	A	L	B	M	Q	T	V	W	H	H
A	M	M	F	M	I	L	L	R	A	C	E	K	H	E	B	N	X	I	O
T	Q	R	F	V	Q	X	L	Q	B	U	E	G	F	T	C	O	C	W	G
B	I	E	O	E	H	C	R	A	I	R	T	A	P	V	S	C	Q	Y	A
W	U	F	N	O	I	B	E	Y	B	C	H	E	E	R	L	E	S	S	N
L	Q	N	Y	Y	O	R	B	T	R	O	T	A	V	O	N	N	I	V	Y
P	K	O	R	A	Q	S	B	M	I	N	T	K	K	W	W	M	J	G	K
T	A	C	D	J	J	L	D	E	S	T	R	O	T	I	S	O	P	E	D
Q	V	E	O	U	I	N	Y	L	D	S	C	E	N	A	R	I	O	S	A
Q	I	E	N	O	I	T	I	N	U	M	H	F	B	Y	L	E	M	A	N

KALEIDOSCOPE   SOCIETAL   FLASHING

CONFERMENT   FETUSES   SCENARIOS

NAMELY   IMPATIENT   MAHOGANY

INNOVATOR   MIX   CONVULSES

TALONS   DEPOSITOR   MILLRACE

CHEERLESS   PATRIARCH   MUNITION

BOBWHITE   DEBRIEF

D	E	S	H	U	F	F	L	E	B	O	A	R	D	S	V	G	Z	X	Q
Z	E	O	F	I	L	L	E	G	I	T	I	M	A	T	E	A	G	D	J
H	E	K	S	D	E	F	I	N	I	T	I	V	E	L	Y	A	R	L	J
D	R	S	C	F	C	D	E	L	A	P	M	W	S	B	K	U	R	I	Z
M	T	N	G	O	E	A	D	J	T	E	E	X	P	L	O	R	E	R	G
D	O	O	R	S	N	F	N	V	N	V	L	Q	F	E	L	H	D	D	M
R	B	R	U	A	D	K	S	O	F	T	E	N	E	R	P	U	E	D	D
A	F	K	N	O	E	S	D	P	N	U	O	R	G	A	Q	U	Q	E	D
P	A	E	G	J	N	L	H	N	M	I	F	V	D	L	Q	L	T	N	K
I	Y	L	I	A	G	O	G	L	I	E	Z	N	Q	I	G	N	B	M	W
N	A	E	E	R	I	P	D	N	P	B	A	E	T	P	A	Y	S	E	Z
G	Y	D	R	R	L	E	E	G	E	P	N	N	D	L	V	N	E	L	U
E	U	Y	Q	Q	A	D	O	F	V	C	A	U	P	Y	D	K	D	O	H
S	E	I	T	I	L	I	B	I	S	N	E	S	P	K	Q	Y	Z	S	N
T	R	O	M	W	M	C	E	N	T	E	R	F	O	L	D	U	G	R	V

SOLEMN	SHUFFLEBOARD	SENSIBILITIES
PALED	CANONIZED	UNBIND
DEFINITIVELY	PLANTED	ANTIQUED
GRUNGIER	EXPLORER	ALIGNED
SOFTENER	KNOCKED	DRAPING
SLOPED	PANDA	SNORKELED
ILLEGITIMATE	CENTERFOLD	

16

O	J	J	O	O	F	X	D	E	S	T	I	N	E	S	K	H	V	R	F
L	A	R	U	T	P	L	U	C	S	C	Y	L	I	M	R	O	T	S	K
M	L	N	C	Z	P	Z	P	R	S	K	Y	D	I	V	E	R	S	M	N
Q	I	O	T	O	R	T	O	Y	A	R	U	O	V	A	F	S	I	S	A
C	P	I	O	L	U	U	D	L	E	S	B	Y	F	K	C	E	N	S	V
Y	L	T	N	A	M	A	D	A	S	E	N	R	W	Y	G	W	C	N	S
B	P	A	H	C	R	W	T	E	H	S	F	E	U	L	R	H	L	O	F
R	G	P	S	B	E	P	J	N	A	R	K	M	J	I	W	I	O	I	O
O	V	I	S	E	D	O	M	O	R	O	K	M	H	N	G	P	S	T	G
Y	W	C	E	E	X	N	I	T	R	H	G	I	Z	N	D	P	I	I	T
Z	S	I	K	U	F	D	Z	I	Y	D	G	H	N	U	V	I	N	S	N
F	S	T	A	L	I	S	R	R	I	I	S	S	W	F	W	N	G	N	L
U	R	R	M	O	N	Z	V	E	N	V	B	T	Y	L	F	G	G	A	Q
K	D	A	N	T	I	V	A	P	G	R	A	G	L	A	N	X	Z	R	P
U	A	P	U	S	N	O	I	T	A	D	I	U	Q	I	L	N	M	T	N

SCULPTURAL

PARTICIPATION

SKYDIVERS

TRANSITIONS

PONDS

HORSES

FUNNIL

STORMILY

PERITONEA

DESTINES

RAGLAN

INCLOSING

FAVOUR

HORSEWHIPPING

ADAMANTLY

BRAD

HARRYING

LIQUIDATIONS

UNMAKES

SHIMMERY

17

R	J	E	U	O	A	N	G	D	F	S	X	F	W	R	X	Q	P	P	A
O	T	J	O	M	B	F	E	V	I	T	A	R	O	C	E	D	P	P	J
W	F	Y	C	X	C	V	O	P	D	E	R	E	D	R	O	Z	P	N	E
P	H	D	W	S	G	U	I	E	S	C	O	D	A	I	A	G	E	M	C
N	D	E	W	Z	G	E	K	O	D	D	K	Y	H	S	Q	A	C	E	H
H	B	K	B	K	A	L	G	W	U	A	R	I	E	E	D	S	N	T	G
N	B	C	G	W	G	W	X	V	K	S	R	Z	T	E	E	S	R	N	B
M	S	O	O	Z	E	E	D	M	T	Y	D	G	U	R	G	D	E	E	S
Z	G	M	W	Z	D	H	Q	U	F	G	W	V	P	G	D	A	I	R	E
M	R	Y	L	E	V	I	A	N	I	X	N	C	M	I	U	E	G	R	K
U	P	M	I	R	T	H	C	G	U	I	A	M	O	D	B	H	G	O	K
T	A	L	L	E	S	T	G	D	K	X	H	J	C	E	O	T	I	T	V
N	S	H	A	L	L	U	M	V	K	W	O	H	A	P	F	S	W	T	F
Y	L	L	U	F	I	T	U	A	E	B	R	O	C	I	W	A	T	G	Y
R	O	J	C	X	A	B	Q	V	S	T	I	F	O	R	P	M	F	O	B

GAGED

MOCKED

TORRENT

MASTHEADS

BEAUTIFULLY

TALLEST

NAIVELY

ORDERED

PROFITS

OBVIOUS

TWIGGIER

AH

GRADE

PEDIGREES

MIRTH

COMPUTE

MULLAHS

BUDGED

GEEZER

DECORATIVE

18

D	E	T	O	O	T	S	P	O	O	N	F	U	L	X	D	W	T	I	S
E	M	C	M	X	F	B	E	T	D	F	S	P	S	E	D	T	Y	N	Q
L	Y	H	O	U	S	E	M	A	I	D	S	B	N	Q	E	S	P	F	I
E	H	O	T	A	D	K	O	S	R	Z	R	L	A	D	L	I	O	I	A
L	B	I	T	X	E	M	U	E	E	J	I	H	T	F	L	G	G	L	S
L	K	P	L	S	T	Q	N	I	Q	K	I	K	S	N	A	O	R	T	E
A	V	S	I	E	A	S	D	L	J	N	I	I	V	H	B	L	A	R	S
R	X	M	N	T	R	M	L	P	Y	O	B	B	S	T	H	O	P	A	I
A	C	I	G	A	U	E	W	P	V	C	X	M	O	B	T	O	H	T	T
P	T	R	X	L	G	L	C	A	X	Z	K	X	Y	I	O	Z	I	O	A
N	P	C	Z	U	U	B	M	H	X	R	U	O	D	Z	M	L	C	R	E
U	X	H	L	C	A	O	W	V	R	J	N	W	K	T	M	H	B	U	R
B	H	I	J	E	N	R	M	K	E	R	N	E	G	L	J	L	J	Z	T
C	J	N	O	P	I	P	O	U	S	D	A	E	R	P	S	G	N	I	W
V	L	G	B	S	G	Z	B	L	U	E	P	R	I	N	T	I	N	G	Y

HOUSEMAIDS   BLUEPRINTING   UNPARALLELED

WINGSPREADS   APPLIES   SPOONFUL

SPECULATES   INAUGURATED   MOTTLING

TOOTED   INFILTRATOR   KILNED

TREATISES   ZOOLOGIST   SMIRCHING

BLOBS   GENRE   MOTHBALLED

TYPOGRAPHIC   PROBABLY

B	S	P	L	E	N	D	I	D	T	Z	A	C	Q	M	Q	C	Z	O	P
S	Q	U	E	E	G	E	E	S	I	R	W	B	V	L	S	A	V	E	L
U	D	D	D	V	L	B	U	J	U	E	P	D	D	B	M	A	A	A	Y
S	Z	B	E	W	T	B	V	U	R	C	H	D	U	U	L	K	T	G	G
C	I	R	C	C	C	F	A	V	F	Q	C	Z	E	S	C	S	M	W	N
B	M	O	R	G	K	I	Y	M	X	D	M	Q	E	K	Q	T	A	B	V
S	M	I	R	B	N	H	H	L	I	G	R	A	S	S	S	H	S	K	P
Y	J	A	S	U	Y	I	A	P	R	T	W	A	Y	W	A	R	D	U	D
C	W	B	R	A	I	A	H	N	A	I	S	L	L	I	B	K	C	U	D
X	O	G	Q	G	T	W	C	S	D	R	A	E	C	U	L	E	H	M	M
F	U	U	K	S	U	D	O	C	I	S	G	N	N	M	J	R	Q	W	I
S	U	R	U	A	S	E	H	T	R	L	U	O	O	B	P	O	M	J	K
H	D	M	D	E	L	L	I	H	S	U	E	P	R	B	B	A	Q	T	S
V	O	B	L	A	N	K	E	T	S	P	A	R	N	E	E	N	L	P	I
H	M	S	N	O	B	B	I	G	I	W	X	L	T	J	X	D	C	W	Z

XEROGRAPHIC	RELISHING	SQUEEGEES
DUCKBILLS	DECKHANDS	SKIM
WAYWARD	ACCRUAL	DEBONAIRLY
GRASS	GIBBONS	BRIMS
OVALS	THESAURUS	SPLENDID
ABDUCTS	BLANKETS	ESTIMABLE
FRUIT	SHILLED	

20

X	U	D	N	G	N	I	T	N	U	O	M	E	R	W	R	T	H	A	X
L	G	U	R	A	P	U	N	C	E	R	T	A	I	N	E	U	U	W	C
W	E	Z	O	A	K	F	R	T	A	W	Z	N	Z	T	Z	P	G	S	Q
P	A	A	P	R	B	E	E	S	N	M	O	I	S	W	I	W	M	T	R
H	D	C	D	A	V	B	D	M	E	K	M	C	J	F	L	A	P	N	P
U	P	D	W	E	B	X	E	N	E	I	B	M	O	K	A	R	I	G	E
Y	U	O	H	K	R	T	D	R	E	R	N	C	B	M	U	D	A	M	X
T	N	N	Y	E	J	U	P	H	J	S	I	N	K	C	Q	L	B	S	W
M	D	A	R	Z	L	G	C	X	U	W	S	T	U	V	E	Y	W	C	C
I	U	T	F	A	U	T	O	C	R	A	C	Y	U	S	H	I	L	L	C
N	L	E	B	F	R	E	S	H	E	T	P	H	S	S	C	C	S	S	S
Z	Y	S	C	D	A	G	U	E	R	R	E	O	T	Y	P	E	S	Y	V
C	X	S	E	I	R	A	U	T	P	U	L	O	V	O	N	H	L	D	Q
E	R	U	S	O	L	C	N	I	F	S	U	O	R	E	M	U	N	Y	P
C	X	C	I	H	R	G	C	Q	U	I	L	T	E	D	H	W	A	M	L

QUILTED
UNCERTAIN
NUMEROUS
EMERITUS
VOLUPTUARIES
AUTOCRACY
UNDULY

FRESHET
DONATES
DAGUERREOTYPES
WINO
INCLOSURE
LEADER
DRABBER

SUNNIES
SHILL
REMOUNTING
UPWARDLY
EQUALIZER
NAKEDNESS

21

E	N	C	O	R	I	N	G	N	G	S	G	H	X	D	C	H	U	Y	R
N	S	T	H	R	E	F	A	W	E	V	I	D	F	E	O	P	F	C	C
A	C	R	O	T	H	A	S	Z	G	K	K	L	E	G	S	M	E	E	D
I	H	U	O	R	P	X	I	U	K	C	O	W	T	G	C	O	R	L	W
A	A	N	D	G	K	G	A	G	C	D	Q	M	N	A	H	V	T	T	H
D	Y	G	W	T	R	I	Q	Z	T	I	U	Z	F	H	W	B	I	S	N
R	W	Q	I	E	M	O	U	L	C	E	L	M	G	L	A	S	L	U	D
E	Z	T	N	I	O	F	A	T	P	T	S	I	F	A	Q	Z	I	R	U
X	C	E	K	Y	J	E	V	F	O	I	I	E	B	O	Q	D	Z	K	W
N	J	I	S	C	B	R	I	G	O	C	C	S	D	M	U	Z	E	D	K
B	U	R	H	L	E	K	T	U	T	X	A	K	Y	U	U	N	P	B	T
T	Y	G	H	E	I	X	U	P	H	E	H	G	E	M	L	K	D	H	W
Z	E	I	Q	F	V	J	W	D	R	W	A	D	O	T	W	C	D	E	M
H	L	Q	I	S	S	A	G	S	H	E	L	V	E	S	S	J	C	C	D
J	U	T	D	E	R	E	E	T	N	U	L	O	V	M	L	V	U	O	D

ENERGIZES   HOODWINKS   UMBILICUS

ICE   VOLUNTEERED   RUSTLE

HAGGED   EXCITE   FERTILIZE

PICKETS   NAIAD   AQUAVIT

DUMFOUNDED   WAFER   SHELVES

ENCORING   CLEFS   OCCLUDES

RUNG   SCHWA

G	J	S	E	G	N	A	R	R	A	E	R	T	W	O	W	T	Q	B	E
J	N	E	A	F	M	L	U	F	H	S	A	B	L	A	D	S	H	S	T
P	A	I	H	B	S	E	N	T	I	M	E	N	T	A	L	I	S	T	S
R	P	S	O	B	Q	P	G	M	B	C	A	T	Q	O	E	L	T	S	T
E	I	X	S	G	Y	E	S	N	W	A	S	M	Q	H	C	C	X	E	R
S	M	L	H	G	M	M	I	M	U	U	L	Z	E	S	A	L	S	I	I
I	G	E	J	R	I	S	A	H	O	U	U	L	O	U	A	N	K	T	L
D	P	Y	K	Y	E	O	R	J	Z	R	S	K	A	B	V	Z	Z	I	L
I	J	T	T	D	E	T	A	R	G	E	T	N	I	S	I	D	A	N	I
N	Y	H	E	V	P	I	H	Q	U	C	Q	S	Q	S	T	M	M	R	O
G	V	R	B	E	C	O	N	G	R	E	S	S	W	O	M	A	N	E	N
E	B	A	T	U	D	M	R	E	I	T	T	O	P	S	T	T	P	T	T
L	Y	P	M	A	C	A	R	P	E	N	T	E	R	I	L	B	O	E	H
T	A	T	T	O	O	W	T	S	V	H	S	N	A	K	E	S	Q	T	D
L	B	G	A	R	E	T	A	E	R	G	T	R	E	A	T	I	N	G	Z

GREATER   PRESIDING   CONGRESSWOMAN

ETERNITIES   JOUST   TREATING

GEM   SENTIMENTALISTS   BREDES

BALLAST   REARRANGES   SNAKES

TRILLIONTH   TATTOO   GOING

SPOTTIER   TEED   DISINTEGRATED

BASHFUL   CARPENTER

S	H	A	K	E	R	B	F	U	G	I	T	I	V	E	H	R	H	B	L
N	Q	T	M	I	S	C	H	I	E	V	O	U	S	N	E	S	S	A	F
A	B	N	E	X	T	I	R	P	A	T	E	S	Q	S	A	Y	N	Y	X
T	L	J	J	K	T	S	X	U	M	P	B	T	N	E	M	G	U	A	X
U	U	A	V	I	K	E	N	E	R	G	E	T	I	C	U	O	B	I	A
R	I	V	H	U	K	I	J	B	S	Z	Z	F	G	I	M	C	J	J	N
A	N	L	L	W	O	N	G	N	I	R	E	T	S	I	N	I	M	D	A
L	G	D	G	S	R	E	B	B	O	L	C	H	P	R	P	J	B	U	K
I	U	Z	P	K	A	D	C	Q	D	Y	I	Z	J	B	Y	U	G	J	P
Z	V	Q	L	V	Y	C	E	R	E	N	N	U	R	D	A	O	R	U	T
E	I	L	L	U	S	O	R	Y	G	X	O	S	D	V	Z	Z	X	O	E
F	F	M	Q	C	O	U	N	T	E	R	P	O	I	N	T	C	C	H	N
T	K	M	L	L	M	M	S	R	O	T	A	L	U	M	E	E	M	I	R
I	A	O	K	E	C	H	A	P	P	I	N	G	I	P	W	X	K	Q	A
D	N	Y	A	D	H	A	J	E	J	P	E	S	P	O	U	S	I	N	G

LANGUISHING   GARNET   ILLUSORY

ADMINISTERING   NATURALIZE   CHAPPING

ENERGETIC   ROADRUNNER   EXTIRPATES

BLUING   DENIES   EMULATORS

FUGITIVE   AUGMENT   MISCHIEVOUSNESS

HELM   ESPOUSING   SHAKER

CLOBBERS   COUNTERPOINT

24

C	D	E	T	A	G	U	J	B	U	S	G	D	E	N	W	A	F	S	B
R	K	R	Y	I	N	N	I	G	H	T	C	L	O	T	H	E	S	S	F
E	E	Z	P	Z	M	A	N	H	A	N	D	L	E	D	W	C	E	G	H
E	P	K	J	G	E	A	R	Q	G	A	W	I	Q	F	O	N	N	O	D
L	R	A	G	I	B	L	E	U	M	Z	Q	N	Q	L	S	I	L	I	E
S	W	K	M	H	E	L	F	A	R	C	R	S	O	I	N	I	X	X	N
U	C	B	H	P	R	O	O	R	S	X	W	U	T	I	S	I	R	G	I
A	K	J	A	K	A	T	R	A	E	A	R	I	E	T	A	Y	B	F	A
D	C	R	S	Z	L	T	E	N	P	Z	V	K	I	G	M	Y	G	G	D
N	Y	R	U	W	C	E	S	T	O	E	S	C	X	O	F	N	K	S	R
L	O	Y	A	Z	E	D	T	I	S	P	E	E	I	U	J	I	M	G	O
Y	M	G	L	N	D	J	Q	N	X	N	F	Y	V	R	Q	P	V	A	E
F	Y	N	U	S	K	C	E	E	Y	R	T	L	Z	D	C	S	Q	Z	R
O	R	P	Z	A	H	E	B	S	R	I	N	Y	A	S	R	F	U	P	O
Y	D	Y	K	F	Q	N	R	R	B	U	T	T	O	N	H	O	L	E	F

DECLARE	ALLOTTED	HOLISTIC
BUTTONHOLE	FAWNED	SPINY
RAPE	CREELS	REFOREST
QUARANTINES	CRANKER	SUBJUGATED
COLOUR	SKEINING	GOURDS
NIGHTCLOTHES	MANHANDLED	PAWS
SENSITIVES	FOREORDAINED	

25

D	E	L	D	N	I	P	S	G	O	E	D	U	T	I	G	N	O	L	J
E	L	B	T	D	Y	U	N	R	X	D	E	H	S	E	R	H	T	G	U
C	D	H	N	K	Y	C	H	O	K	I	N	G	L	E	T	U	P	N	K
K	Y	B	C	U	S	R	D	J	Q	C	Z	E	D	U	T	Z	E	I	V
S	N	O	P	U	O	C	E	B	A	H	T	M	E	S	D	E	C	N	W
S	E	S	T	X	B	O	Z	U	K	A	O	C	C	J	T	M	R	I	N
H	U	M	G	K	S	S	I	C	Q	T	G	E	N	U	I	R	S	L	O
X	E	B	Y	P	G	C	L	E	G	T	I	A	A	R	L	H	F	D	V
V	E	D	D	Y	C	Z	I	L	L	E	P	P	D	K	D	U	A	A	E
K	H	H	I	U	W	I	S	I	U	R	S	S	R	Q	O	T	T	E	L
A	A	Z	I	H	E	F	S	T	L	E	U	U	O	V	O	I	A	H	I
U	M	D	C	R	W	S	O	X	E	R	L	B	C	M	L	I	G	I	S
I	T	G	M	T	Z	A	F	E	R	S	I	S	N	P	F	Q	T	Y	T
H	Q	G	R	G	M	R	T	Z	M	H	E	O	D	D	V	Y	Q	S
I	N	T	E	L	L	I	G	E	N	C	E	T	C	Y	S	C	V	K	A

CHOKING

LETUP

COUPONS

TAG

HEADLINING

SPIGOT

QUERY

RAWHIDE

FOSSILIZED

SPINDLED

THRESHED

NOVELISTS

SUBDUES

INTELLIGENCE

CONCORDANCE

CHATTERERS

LONGITUDE

TEXTILE

FLOODLIT

SUBSET

26

D	O	Z	L	S	C	H	M	U	C	K	S	N	J	U	I	E	T	L	Y
E	E	R	F	S	Z	Z	N	S	G	F	Z	X	N	C	U	B	S	T	D
L	D	L	V	H	U	M	A	M	O	N	X	D	Q	P	I	C	E	W	F
Y	H	E	F	T	I	N	G	O	A	S	E	S	H	S	V	Y	L	A	O
Q	Y	V	I	F	E	L	R	H	H	R	C	E	C	J	Y	V	L	D	K
N	H	R	B	O	U	P	Z	Y	E	I	M	L	W	A	R	B	U	D	R
E	I	C	Q	N	T	M	X	M	T	I	H	T	F	G	E	H	F	L	V
C	P	V	I	E	E	A	P	E	S	Z	P	A	T	E	K	N	E	E	E
R	N	O	L	R	R	L	G	M	Q	I	Q	E	V	A	W	L	C	S	T
Q	N	L	T	R	O	O	S	H	C	R	I	M	S	G	D	N	A	B	C
V	U	E	O	Y	L	Q	S	S	U	O	I	R	U	N	E	P	E	V	H
B	S	G	E	O	D	R	C	Z	E	E	G	I	L	G	E	N	P	Y	F
N	I	D	P	T	C	L	I	M	B	I	N	G	U	K	D	G	Q	D	X
V	P	A	A	L	C	S	E	T	A	G	E	R	G	E	S	S	J	N	G
T	S	E	D	N	U	O	R	G	I	N	D	U	C	T	I	N	G	I	W

SEGREGATES   SMIRCH   VIGOR

UNION   TWADDLES   ROUNDEST

NEGLIGEE   EUPHEMISM   CLIMBING

BRAWL   VETCH   INDUCTING

UNDEREMPLOYED HEFTING   SCHMUCKS

BULLETPROOFS   PEACEFULLEST   APOLOGETICS

PENURIOUS   MUFFLED

V	G	Y	I	Y	N	A	Q	Z	C	O	N	C	O	C	T	I	O	N	S
X	M	N	K	N	S	S	E	N	L	U	F	R	A	E	F	K	M	G	F
A	N	J	I	I	E	X	I	D	Z	D	H	K	G	V	W	A	P	I	L
R	V	O	G	T	V	U	F	Y	T	D	I	G	Z	L	J	G	E	D	A
K	P	S	I	F	A	E	T	S	E	V	U	G	V	O	T	H	X	D	T
S	G	O	S	T	F	T	I	R	G	R	W	N	R	B	A	Q	P	I	T
O	N	C	R	D	A	W	I	S	A	F	C	I	N	R	Z	C	E	N	E
P	I	I	E	E	T	R	L	G	C	L	T	M	D	E	E	J	R	E	N
R	R	A	L	L	U	V	E	T	R	I	I	I	Y	V	R	D	T	S	S
E	E	L	B	I	D	K	E	S	E	U	N	Z	O	Y	R	B	N	S	I
C	D	I	B	R	Y	U	K	S	I	E	G	R	I	A	I	B	E	P	N
Q	N	S	O	I	P	X	S	Z	S	M	D	E	K	N	F	E	S	Q	G
D	U	T	G	U	E	A	I	S	R	N	M	N	R	T	G	V	S	N	B
L	L	S	B	M	U	A	C	H	Y	Z	A	O	I	L	T	K	T	Y	N
C	B	L	W	S	L	S	O	R	C	T	S	B	C	Z	K	P	K	V	J

REGURGITATING   SOCIALISTS   GIDDINESS

LEEKS   EXPERTNESS   CONCOCTIONS

GOBBLERS   DELIRIUMS   MAJORITIES

DUNNER   DROVE   TANKARD

ARKS   FLATTENS   NEUTRALIZING

FEARFULNESS   BLUNDERING   COMMISERATION

TWIST   HARDINESS

28

M	Y	Z	A	H	T	Q	N	Z	K	P	Y	I	J	N	J	J	Y	E	W
E	Y	K	G	I	I	E	V	L	T	A	N	S	O	P	S	R	C	E	P
T	Z	W	L	M	C	H	K	S	F	T	E	P	T	J	I	L	R	D	S
A	T	S	E	L	B	A	E	S	E	V	F	R	W	E	E	L	E	V	B
C	L	R	H	D	Q	H	R	R	A	B	E	D	B	A	S	E	N	G	O
A	H	T	B	P	C	V	A	P	H	B	K	I	N	E	L	S	N	K	U
R	Q	Y	W	N	L	C	Q	B	E	Z	D	U	H	O	R	I	A	P	T
P	C	O	E	F	T	Y	R	Q	A	T	P	A	Q	Z	C	I	G	B	T
I	W	L	C	E	K	A	S	L	N	S	B	U	E	N	W	Q	F	E	A
T	C	Y	D	V	K	G	F	U	J	H	E	A	U	R	E	R	I	D	K
P	G	W	V	E	H	A	D	M	V	N	F	O	G	M	B	I	F	S	E
B	D	C	D	B	L	E	C	W	T	O	N	D	H	S	K	Q	R	O	Y
R	Q	K	O	F	S	K	O	L	O	E	M	I	Z	Z	V	S	J	R	I
M	K	R	A	T	Q	B	Y	R	D	E	T	T	A	M	R	O	F	E	R
O	Q	S	E	X	N	Y	R	A	L	W	Y	L	L	A	T	I	G	I	D

ELOQUENTLY

NUDEST

BREADBASKET

CLEANUPS

LARYNXES

ALFALFA

CLENCHES

OUTTAKE

BRAKED

FIREBREAK

METACARPI

CARPETBAGS

REFORMATTED

BLEST

DIGITALLY

DENOUNCING

SYLPHS

INTERACTED

ASSETS

BEDSORE

V	S	P	L	A	Y	A	N	A	L	X	A	V	C	H	E	S	X	Z	S
F	D	K	J	X	J	N	L	J	M	R	S	O	S	N	N	N	M	H	G
O	S	D	E	X	E	H	S	I	E	B	N	L	E	A	S	H	I	N	G
R	E	K	L	A	Q	T	O	P	X	G	L	B	V	V	W	C	M	A	O
T	I	Y	J	P	L	S	R	C	R	U	M	P	L	E	D	K	E	K	J
U	T	H	A	A	J	I	N	A	U	I	X	K	N	I	A	X	J	V	P
N	I	S	S	L	N	G	T	S	E	L	I	S	S	I	M	D	U	V	Z
A	L	I	Y	T	L	U	M	P	N	P	Q	F	M	C	A	B	A	L	S
T	O	F	Y	D	L	E	A	R	C	H	W	A	Y	X	O	W	D	Q	A
E	V	C	M	A	V	F	V	Z	A	D	E	N	O	I	T	C	U	S	B
N	I	N	T	U	Z	S	R	I	H	T	I	M	S	N	U	G	K	H	U
G	R	E	U	W	K	G	Y	T	A	V	Y	E	D	L	M	J	L	L	T
A	F	F	E	O	E	Q	Z	P	A	T	X	Y	C	S	P	Y	O	B	Q
S	O	P	H	O	M	O	R	E	S	X	E	L	L	A	P	P	A	C	R
L	X	S	H	G	N	R	C	O	O	E	T	U	R	B	I	N	E	B	J

TUB	FISHY	PLAY
SUCTIONED	FRIVOLITIES	APPALL
GUNSMITH	SALTS	MISSILES
TURBINE	FORTUNATE	SOPHOMORES
CABALS	ALLEVIATE	REPRINT
HEXED	CONGRATULATE	ARCHWAY
CRUMPLED	LEASHING	

C	O	W	L	E	H	E	C	S	B	Y	D	A	X	M	M	P	S	J	O
E	B	O	Y	L	K	I	R	R	Z	E	D	U	I	E	I	W	T	P	V
R	R	M	U	A	B	C	E	E	A	J	F	W	P	T	P	D	E	U	B
E	A	A	S	C	A	L	D	K	Q	R	M	I	C	W	C	E	P	U	C
L	N	N	W	S	N	N	E	A	P	U	L	H	Y	E	A	P	F	I	H
I	D	I	U	E	T	I	N	T	O	O	I	Z	X	A	E	M	A	D	E
X	I	Z	I	M	E	F	Z	P	G	N	R	J	J	K	T	I	T	E	A
I	E	E	E	I	R	B	A	U	G	Z	N	G	Q	L	A	R	H	T	T
R	D	U	T	T	S	C	E	F	Y	S	I	R	A	I	M	H	E	S	S
Z	M	I	A	A	T	D	T	U	F	A	Q	X	R	N	M	S	R	U	M
V	D	U	H	G	N	I	R	E	P	I	L	A	C	G	U	H	S	R	H
B	K	R	O	W	Y	S	U	B	V	I	H	Y	Z	E	S	Y	C	T	W
Q	G	H	S	N	O	W	B	A	L	L	I	N	G	W	N	J	T	S	G
Q	I	Q	L	H	T	M	R	E	T	S	U	J	P	T	O	C	H	I	G
C	D	L	E	X	E	C	U	T	R	I	C	E	S	B	C	J	Y	M	D

BRANDIED   ELIXIR   SHRIMPED

EXECUTRICES   TAKERS   CONSUMMATE

CHEATS   WEAKLING   MISTRUSTED

CALIPERING   BUSYWORK   CREDENZA

WOMANIZE   BANTERS   SNOWBALLING

STEPFATHERS   TIMESCALE   PITCHING

JUSTER   EPILOGUED

S	R	E	T	S	A	M	T	U	O	C	S	V	S	K	O	H	L	T	Q
J	N	R	E	F	R	E	S	H	E	R	V	O	O	G	S	X	H	S	H
D	L	H	R	E	R	D	G	R	E	I	D	D	U	R	C	X	J	C	W
R	X	P	T	P	S	Q	G	L	A	R	U	T	A	N	N	U	R	V	M
A	S	G	R	I	S	S	C	J	W	F	H	F	S	J	V	I	N	X	D
Y	L	J	R	G	V	B	E	M	J	Y	D	B	H	I	C	K	B	X	T
R	A	D	E	L	U	A	S	N	T	E	I	S	S	K	H	T	M	F	P
E	N	R	I	O	P	N	H	Y	E	P	C	T	S	I	K	T	I	F	M
B	D	U	G	T	K	K	T	W	B	R	O	V	C	Y	T	F	X	D	W
M	E	B	G	T	X	R	A	J	E	O	A	C	K	J	S	H	Z	L	M
U	R	B	O	I	L	O	E	N	H	A	U	B	D	U	K	X	U	G	O
L	O	E	F	S	U	L	H	A	V	P	S	W	E	E	T	E	N	E	D
S	U	D	O	E	W	L	C	L	S	J	F	B	O	B	C	A	T	S	Y
Z	S	O	W	S	A	M	L	A	R	U	T	L	U	C	I	T	L	U	M
V	R	E	P	R	E	S	E	N	T	A	T	I	O	N	A	L	J	H	V

SWEETENED   BOBCATS   CRUDDIER

BANKROLL   DRUBBED   UNNATURAL

LUMBERYARD   FIT   HEATHS

HICCUPS   CAHOOTS   BARENESS

EPIGLOTTISES   SCOUTMASTERS   MULTICULTURAL

REFRESHER   REPRESENTATIONAL FOGGIER

SLANDEROUS   CRICKS

32

V	A	N	D	A	L	I	S	M	R	O	A	K	F	Q	U	S	X	M	M
D	H	G	R	O	S	S	N	E	S	S	D	C	G	U	J	X	Y	S	H
X	R	H	W	I	I	O	Q	Q	A	K	A	M	N	K	C	S	H	T	J
I	E	Y	L	T	I	O	R	D	A	D	U	E	I	K	T	A	Q	E	S
S	D	O	M	N	T	J	R	M	D	E	N	A	L	U	Y	P	B	N	D
U	N	T	V	G	S	W	O	Z	U	T	T	I	L	D	P	K	B	R	J
O	E	L	A	R	V	A	S	L	A	T	S	T	A	I	E	L	F	A	F
L	C	M	X	Q	A	H	A	H	U	O	R	B	D	E	S	E	O	G	S
U	S	K	U	O	E	Z	M	L	E	R	W	K	E	T	E	R	R	V	B
M	E	P	O	N	C	M	I	O	L	Q	Y	G	P	A	T	B	E	L	K
E	D	X	Q	T	R	N	D	V	S	I	R	K	K	R	T	Y	C	A	L
R	L	S	O	L	G	D	S	R	P	U	V	X	C	Y	I	X	A	T	G
T	H	W	M	U	F	J	T	S	Y	M	N	A	A	F	N	M	S	I	I
E	G	I	A	K	D	E	V	A	P	N	U	E	B	F	G	P	T	J	D
R	Q	L	N	O	U	R	I	S	H	E	S	N	G	C	Q	I	W	W	V

GARNETS	BROUHAHA	NOURISHES
GENUS	SOL	TYPESETTING
DIETARY	ADROITLY	ROTTED
BACKPEDALLING	LINGUAL	UNPAVED
GROSSNESS	DESCENDER	TREMULOUS
VANDALISM	LARVAS	AMIDST
DAUNTS	FORECAST	

E	S	D	S	E	S	H	D	E	G	N	A	H	C	T	R	O	H	S	H
X	H	E	P	Q	B	Y	M	S	F	P	A	S	S	E	N	G	E	R	H
T	B	L	O	C	C	A	U	L	D	R	O	N	S	L	R	J	S	S	I
R	R	E	R	H	Q	D	N	G	C	A	L	Z	A	F	K	E	C	R	L
A	A	C	C	A	Q	U	H	O	M	O	G	E	N	E	O	U	S	L	Y
N	I	R	T	R	O	T	F	M	Z	Z	E	L	B	I	G	N	A	T	V
E	N	A	U	G	S	A	V	E	S	S	R	Q	E	Z	U	U	W	K	
O	W	P	O	I	L	X	T	F	X	Q	E	G	S	W	O	R	B	W	H
U	A	P	V	N	N	I	Q	N	V	U	X	G	U	Z	M	V	R	D	R
S	S	N	K	G	O	V	E	R	L	O	R	D	A	J	G	A	G	K	N
L	H	S	P	E	C	I	F	Y	I	N	G	T	Q	E	D	T	S	L	W
Y	E	Y	M	J	S	E	E	P	I	N	G	E	J	O	L	D	I	K	B
D	S	D	O	S	A	G	E	I	E	X	A	W	O	X	Q	I	G	P	N
K	S	T	S	I	N	O	B	M	O	R	T	R	F	X	P	H	M	J	L
Z	P	S	S	E	L	E	T	S	A	T	B	Z	T	D	J	A	W	N	D

HOMOGENEOUSLY   TASTELESS   CHARGING

BROWS   TROMBONISTS   DOSAGE

CAULDRONS   SPECIFYING   PASSENGER

BRAINWASHES   SHORTCHANGED   MILEAGES

SAVES   BROOD   OUTCROPS

PARCELED   EXTRANEOUSLY   OVERLORD

TANGIBLE   SEEPING

34

E	K	V	Z	E	T	U	B	I	R	T	S	I	D	E	R	F	H	K	W
J	Y	F	J	F	B	I	K	U	P	Y	C	L	K	H	C	Y	E	N	A
A	B	Q	G	B	K	Z	J	O	O	O	O	Z	D	O	V	C	Z	S	T
M	E	S	I	E	Y	Z	F	W	T	L	M	R	F	M	Z	W	E	C	E
M	N	W	D	P	Q	S	L	B	L	M	F	A	T	E	W	Q	X	H	R
E	N	J	E	S	D	W	K	O	U	E	O	W	R	L	Q	V	T	O	C
D	O	G	X	N	I	R	U	T	C	M	R	E	A	I	F	D	O	L	O
F	B	E	Y	D	E	Z	N	R	K	B	T	R	N	E	P	S	L	A	U
L	L	H	F	D	E	A	O	V	S	R	E	P	S	R	U	N	L	R	R
Y	E	V	N	W	T	P	N	B	Y	A	R	L	P	Q	N	I	I	S	S
P	B	A	B	C	E	P	L	Q	F	N	S	P	O	A	Z	V	N	H	E
B	L	J	E	O	J	K	J	A	M	E	M	H	R	G	D	E	G	I	X
S	Z	P	T	T	L	X	S	I	N	O	U	S	T	E	A	L	S	P	W
O	X	S	E	T	A	U	L	A	V	E	E	R	E	M	W	S	E	S	S
E	G	N	I	O	E	C	J	I	L	A	S	L	R	O	F	W	Z	M	L

EXPANSE	HOLING	FRIEZES
UNACCOUNTABLE	INHALING	RAILS
FORSWORE	TEARY	HOLDUP
FORMALIZES	MILEPOST	GIMPIEST
ABRUPTER	INTELLIGIBLE	CONTRACTION
CELEBRITY	ISLANDERS	PROMENADED
VORTICES	AQUANAUTS	

35

E	K	V	Z	E	T	U	B	I	R	T	S	I	D	E	R	F	H	K	W
J	Y	F	J	F	B	I	K	U	P	Y	C	L	K	H	C	Y	E	N	A
A	B	Q	G	B	K	Z	J	O	O	O	O	Z	D	O	V	C	Z	S	T
M	E	S	I	E	Y	Z	F	W	T	L	M	R	F	M	Z	W	E	C	E
M	N	W	D	P	Q	S	L	B	L	M	F	A	T	E	W	Q	X	H	R
E	N	J	E	S	D	W	K	O	U	E	O	W	R	L	Q	V	T	O	C
D	O	G	X	N	I	R	U	T	C	M	R	E	A	I	F	D	O	L	O
F	B	E	Y	D	E	Z	N	R	K	B	T	R	N	E	P	S	L	A	U
L	L	H	F	D	E	A	O	V	S	R	E	P	S	R	U	N	L	R	R
Y	E	V	N	W	T	P	N	B	Y	A	R	L	P	Q	N	I	I	S	S
P	B	A	B	C	E	P	L	Q	F	N	S	P	O	A	Z	V	N	H	E
B	L	J	E	O	J	K	J	A	M	E	M	H	R	G	D	E	G	I	X
S	Z	P	T	T	L	X	S	I	N	O	U	S	T	E	A	L	S	P	W
O	X	S	E	T	A	U	L	A	V	E	E	R	E	M	W	S	E	S	S
E	G	N	I	O	E	C	J	I	L	A	S	L	R	O	F	W	Z	M	L

OMEGA

TRANSPORTER

ING

EXTOLLING

EXPECTANT

DEPLANES

SNIVELS

POTLUCKS

COMFORTERS

REDISTRIBUTE

MEMBRANE

JAMMED

SKEW

ENNOBLE

SCHOLARSHIPS

REEVALUATES

SLANDER

PREWAR

HOMELIER

WATERCOURSE

L	Y	H	K	H	Q	Y	D	E	Y	A	L	P	R	E	D	N	U	D	P
V	L	X	S	N	S	E	T	T	O	L	U	C	T	E	H	J	I	Z	R
T	D	R	W	X	H	I	S	E	N	O	T	S	D	N	I	R	G	N	P
G	E	Y	Y	G	A	R	R	E	T	R	U	R	P	U	T	S	V	Y	N
Y	V	X	D	G	S	W	X	N	F	O	C	G	I	F	M	T	R	S	L
U	R	Z	E	E	N	E	E	D	J	C	O	N	N	K	C	H	E	L	T
Y	E	C	I	L	X	W	R	R	W	K	C	I	S	A	X	G	T	O	S
Z	S	L	A	E	O	L	O	K	S	U	K	U	B	F	I	H	P	E
T	E	W	D	I	T	P	M	J	L	R	E	R	L	D	E	N	I	P	R
B	R	E	V	N	L	Z	S	M	T	P	H	A	A	M	L	T	N	I	E
M	K	E	E	G	L	V	O	I	U	V	X	M	T	P	L	R	K	L	M
Z	F	Q	R	D	C	H	M	Z	D	L	I	E	I	O	I	O	S	Y	J
L	K	G	B	P	E	T	Y	V	B	D	F	R	O	K	N	F	R	C	V
O	K	O	G	A	O	F	F	E	W	N	S	O	N	C	G	V	O	F	D
D	E	P	P	I	R	G	K	A	G	R	O	N	O	M	I	S	T	S	K

UNDERPLAYED

REMARKING

EXPLORES

FLUMMOXED

FORTNIGHTS

GELLING

FELLING

MEREST

ROCKS

RETHINKS

DISPEL

CULOTTES

INSULATION

SLOPPILY

RESERVEDLY

AGRONOMISTS

GRINDSTONES

GARRET

GRIPPED

ADVERB

Z	W	D	E	H	W	S	U	I	P	U	S	D	R	U	D	J	T	D	U
L	D	E	N	X	L	P	R	T	T	R	E	L	V	B	S	U	N	M	Q
S	S	L	I	S	P	E	F	A	H	W	I	E	Z	K	U	H	A	O	G
E	A	A	G	S	X	O	T	L	B	J	D	V	I	P	D	Z	Z	T	Y
T	A	R	N	E	T	L	N	N	L	S	D	N	X	J	H	C	I	H	T
A	S	I	I	R	A	J	W	E	A	N	I	E	U	P	L	C	N	B	I
R	D	P	T	U	L	G	E	P	N	M	K	D	H	I	P	K	G	A	R
G	Y	S	A	T	K	N	E	V	Z	T	J	M	Q	I	F	D	O	L	A
E	P	D	G	N	I	I	K	L	I	C	I	U	R	C	N	R	C	L	L
T	J	E	I	E	N	T	F	L	W	D	I	A	Z	D	Q	E	N	S	O
N	G	D	T	V	G	T	L	K	V	S	E	H	T	T	B	A	S	T	P
I	B	W	I	D	M	A	C	A	H	S	F	N	R	I	O	Y	L	S	L
M	S	X	M	A	T	P	S	T	U	O	N	S	T	Z	O	K	V	T	K
U	D	I	S	C	O	U	R	A	G	E	M	E	N	T	S	N	O	L	C
J	T	S	U	W	Q	K	C	N	O	I	T	I	S	O	P	X	E	Y	A

SPIRALED   PATTING   EXPOSITION

MANTEL   VELD   SNOUTS

MITIGATING   ADVENTURESS   DISCOURAGEMENTS

INTEGRATES   EVIDENT   COGNIZANT

KIDDIES   CLIQUISH   TALKING

EXPONENTIATION   POLARITY   DISBARS

INESS   MOTHBALLS

D	Z	I	N	F	L	A	M	M	A	T	I	O	N	S	C	C	K	U	Z
E	X	S	S	Y	E	G	B	N	Z	I	N	F	I	E	L	D	E	R	S
C	A	U	T	C	C	O	M	M	I	N	G	L	I	N	G	B	A	G	K
L	P	F	N	O	B	R	E	A	D	E	R	S	H	I	P	S	V	J	C
A	P	F	E	N	I	G	J	N	W	C	R	I	C	K	E	T	E	R	S
S	E	R	N	D	R	I	P	B	O	O	T	O	N	G	U	E	Z	J	A
S	L	A	I	E	E	G	N	I	T	I	O	U	Q	Q	H	G	Q	T	D
I	L	G	T	N	E	S	E	L	B	I	T	C	E	L	L	O	C	A	A
F	A	I	R	S	D	U	I	F	U	I	I	A	E	F	V	L	E	F	F
Y	N	S	E	I	F	I	T	A	W	J	V	T	L	N	M	H	J	V	K
I	T	T	P	N	E	W	A	X	S	V	J	M	K	A	W	H	N	D	I
N	A	Y	F	G	N	I	W	O	R	R	A	N	R	O	C	M	D	W	I
G	U	C	O	N	N	E	C	T	B	H	P	K	R	W	U	S	A	M	H
Y	K	K	D	E	T	S	E	T	O	R	P	R	E	L	D	H	E	D	Q
V	S	E	T	T	E	U	O	R	I	P	A	S	V	A	F	W	O	J	X

READERSHIPS

COMMINGLING

TONGUE

ESCALATION

QUOITING

ARROWHEAD

SUFFRAGIST

PERTINENTS

COLLECTIBLES

REED

INFLAMMATION

NARROWING

INFIELDERS

DECLASSIFYING

PROTESTED

PIROUETTES

CRICKETERS

CONNECT

CONDENSING

APPELLANT

39

D	G	A	E	L	E	C	T	R	I	C	A	L	L	Y	F	N	S	P	W
W	N	D	F	F	C	X	D	W	M	A	S	E	C	R	A	F	N	P	W
I	I	P	O	B	A	E	S	J	Z	U	B	C	S	L	E	C	O	H	B
Q	P	U	J	X	C	T	M	K	F	D	N	K	L	L	S	S	I	A	R
V	O	J	I	A	A	S	P	E	J	G	Y	B	C	E	T	S	T	N	S
Y	L	B	D	C	R	U	B	L	T	M	N	K	S	E	B	D	A	D	M
L	E	E	K	P	E	C	C	A	R	I	E	S	R	P	I	B	R	C	U
B	V	N	Z	B	U	S	V	E	D	I	C	I	J	O	A	P	T	U	I
A	E	L	T	C	A	R	E	T	N	U	O	C	J	N	M	C	S	F	N
B	D	Y	A	Z	L	B	I	G	Q	R	E	S	I	B	Y	A	U	F	I
O	E	S	T	I	G	M	A	A	S	P	R	S	U	A	E	Q	L	E	H
R	R	H	L	O	I	S	L	U	M	S	T	H	A	P	S	H	L	D	P
P	F	L	Z	W	F	R	E	Q	U	E	N	C	I	E	S	C	I	A	L
M	I	U	A	L	E	E	G	F	R	S	P	U	H	S	U	P	S	L	E
I	P	A	T	S	G	C	I	S	T	X	V	L	E	W	V	M	S	R	D

FREQUENCIES   SKY   HANDCUFFED

PUSHUPS   STIGMA   DECADE

DELPHINIUMS   COUNTERACT   FARCES

REDEVELOPING   ILLUSTRATIONS   BANISTERS

OWLS   IMPROBABLY   STACK

POSTERIORS   SLUMS   ELECTRICALLY

PECCARIES   EMETIC

40

M	E	O	L	H	P	O	K	N	E	L	L	S	K	A	G	E	R	Z	E
P	E	D	Y	D	R	I	S	S	A	R	B	G	N	N	S	O	V	I	E
R	H	T	X	U	M	K	V	E	I	Y	W	X	I	U	S	C	J	I	S
E	E	D	U	T	I	N	G	A	M	Z	P	V	O	S	L	C	S	K	T
D	T	B	L	A	C	D	W	L	Z	H	E	H	E	A	D	K	N	J	E
E	I	E	S	J	A	Q	A	A	E	I	N	R	N	C	P	W	I	R	K
T	G	I	G	P	T	U	S	T	S	W	G	G	U	E	U	M	S	K	C
E	P	D	V	T	A	U	X	B	O	S	K	R	N	A	B	T	T	X	O
R	L	M	P	E	L	L	Q	T	N	P	T	Y	B	U	R	U	A	G	S
M	D	E	U	C	Y	U	I	A	U	S	Q	W	E	E	P	R	V	Y	J
I	G	S	A	Y	Z	T	R	G	Y	B	W	D	Q	W	C	R	E	E	Z
N	T	S	C	V	I	T	T	I	N	U	W	R	K	E	C	E	D	L	V
E	E	C	D	E	N	L	N	Y	B	S	Y	A	H	E	F	T	X	L	Q
S	R	S	N	V	G	G	D	U	Y	R	E	V	S	B	Y	S	R	U	M
B	S	N	E	S	S	E	T	A	C	I	L	E	D	I	A	Z	Y	P	Z

TRANSGRESSOR

STAVED

PHLOEM

BRASS

CATALYZING

CURTSYING

CLANG

MAGNITUDE

ALIGNS

PULLEY

CASES

SOCKETS

IMBUED

DELICATESSENS

PREDETERMINE

SIEVING

TOWNHOUSE

KNELLS

TURRETS

REVS

41

W	F	G	E	U	E	M	C	L	J	S	X	K	E	Y	H	T	J	F	G
K	S	D	E	K	S	I	R	E	T	S	A	K	L	A	R	T	U	E	N
N	A	P	P	U	R	T	E	N	A	N	C	E	S	S	V	Y	Y	S	I
A	F	T	K	Q	L	E	V	T	M	I	Q	G	S	S	S	L	N	I	H
Z	B	P	A	R	I	S	H	I	O	N	E	R	S	I	R	T	Y	R	C
Y	S	T	S	E	V	N	I	T	C	K	X	T	S	M	E	H	K	L	E
R	E	T	S	D	N	E	T	E	R	P	F	L	R	S	V	G	L	O	E
F	T	Y	S	S	V	X	D	N	B	Q	R	P	Q	I	I	N	I	R
Q	R	L	S	Q	M	E	P	B	S	L	L	O	T	D	H	R	W	N	C
P	I	A	S	N	H	F	T	A	C	O	B	R	F	A	S	P	Y	S	S
P	G	J	D	C	O	A	G	A	T	F	D	B	X	B	M	S	H	O	Y
C	J	J	A	E	Q	S	R	Z	Q	A	T	T	E	N	D	E	D	E	M
Z	C	T	Q	Y	L	M	D	S	B	F	H	T	C	I	L	F	N	O	C
I	T	P	V	E	N	O	M	O	U	S	L	Y	V	W	W	D	W	U	R
A	H	S	P	I	N	O	F	F	G	S	N	U	S	P	I	P	S	Z	C

DISMISS

GODSONS

ATTENDED

SPRIGHTLY

PARISHIONERS

SIRLOINS

US

NEUTRAL

PIPS

VENOMOUSLY

SCREECHING

ASTERISKED

PRETENDS

CONFLICT

APPURTENANCES

INVESTS

SPINOFF

SHIVERS

ATTACHED

TOLLS

42

X	D	Y	E	T	L	L	J	P	H	V	U	X	T	D	T	L	T	P	W
K	B	Y	B	O	B	T	V	J	D	G	D	Z	Q	P	Y	B	H	J	A
P	Y	T	C	S	O	A	G	F	H	S	S	Z	Q	D	R	R	G	B	N
C	G	J	W	D	O	G	A	X	O	Z	E	S	C	O	J	E	I	B	T
A	O	A	A	E	T	D	E	M	D	R	D	K	O	V	P	I	N	U	I
C	L	S	X	E	L	H	J	Z	A	R	E	D	I	S	W	D	R	C	N
O	O	L	W	D	E	K	I	A	A	N	I	C	B	H	B	U	E	K	G
U	I	A	O	E	S	K	I	D	N	U	L	L	I	B	A	V	B	X
S	C	C	R	I	S	P	L	T	G	H	C	E	L	O	T	G	O	O	C
T	O	K	K	R	X	L	B	Q	M	O	Y	J	N	E	S	K	P	A	X
I	S	L	S	W	I	O	F	Q	C	L	C	P	R	S	W	I	L	R	E
C	R	Y	A	B	D	E	W	O	T	G	L	R	C	G	I	X	N	D	O
S	T	S	I	L	L	E	C	J	O	W	O	C	J	H	I	S	A	G	F
I	B	Y	R	O	P	E	L	D	M	F	N	S	A	W	L	G	E	M	O
P	T	Z	S	F	B	T	H	R	H	J	E	J	F	R	U	A	C	I	I

BOOTLESS	DY	BILLIARDS
WANTING	CYCLONE	BUCKBOARD
MAXWELL	SOCIOLOGY	OVERNIGHT
GAUDIER	SLACKLY	WRIED
ACOUSTIC	AMANUENSIS	ROPE
WAXWORKS	BROODING	CELLISTS
HIKES	FORECLOSING	

J	C	D	P	L	A	T	E	D	B	T	Z	A	A	Y	M	E	Q	M	Q
N	O	O	E	Z	W	P	F	L	K	V	C	D	T	F	S	M	E	N	F
E	S	D	R	A	G	W	J	N	Y	L	D	D	G	R	C	C	F	W	T
D	Y	Y	S	U	E	P	I	G	Z	I	W	Q	E	J	U	P	U	T	K
D	M	S	S	N	E	O	O	N	T	Z	J	V	V	G	R	V	N	S	G
I	M	S	E	B	L	R	I	I	Z	C	D	L	J	R	F	E	Q	A	N
S	E	E	L	R	I	C	V	P	L	A	L	M	Z	P	E	I	F	S	I
C	T	Y	N	E	G	E	Z	M	J	Q	B	A	H	E	W	E	S	T	K
U	R	S	O	A	I	L	Q	I	P	U	B	O	M	G	S	U	M	E	C
S	I	L	P	K	B	A	V	R	N	P	N	P	W	O	R	K	O	W	I
S	C	M	A	A	I	I	O	C	U	I	R	U	R	E	R	V	F	A	L
A	A	P	E	B	L	N	Y	C	C	U	K	F	S	P	P	S	U	R	S
N	L	C	W	L	I	R	X	D	N	X	F	T	M	O	M	M	A	D	W
T	L	F	J	E	T	D	L	J	O	H	N	S	V	Q	P	T	S	E	L
S	Y	P	Y	G	Y	N	J	K	H	S	I	L	W	O	Z	V	Z	D	M

ADVERSE	UNBREAKABLE	SYMMETRICALLY
ADDITIVE	CRIMPING	JOHNS
DISCUSSANTS	ELIGIBILITY	CURFEWS
CLAMOR	SUREST	MOMMA
PHONIC	WEAPONLESS	PORCELAIN
SLICKING	PLATED	OWLISH
ODYSSEYS	STEWARDED	

44

W	D	E	Z	I	L	A	G	E	L	I	B	K	U	D	I	O	S	F	H
I	R	C	U	T	D	P	O	O	R	A	G	N	A	K	O	O	O	S	B
T	R	U	S	T	E	E	L	I	C	E	N	T	I	O	U	S	I	T	Y
R	E	I	K	O	O	K	U	L	J	O	L	T	I	N	G	X	R	Y	U
A	B	H	E	A	L	I	N	G	Z	C	E	N	T	S	W	J	A	L	N
A	S	P	A	C	C	O	M	M	O	D	A	T	I	O	N	S	S	L	D
G	L	L	H	N	Z	D	H	K	R	R	G	Y	Y	V	Y	V	E	A	E
K	A	O	I	D	O	H	A	H	Z	G	E	R	E	D	J	H	R	C	R
Y	W	D	E	A	G	O	J	Y	T	K	U	D	I	G	T	Z	P	I	F
H	E	W	T	D	T	X	A	Y	B	W	W	N	O	S	S	V	M	M	O
C	P	A	C	K	Q	E	V	E	E	P	U	O	T	I	T	J	I	H	O
N	O	R	E	M	U	L	S	I	O	N	J	M	Z	C	N	L	Z	T	T
F	S	R	E	M	O	N	O	R	T	S	A	X	U	H	S	G	E	Y	C
D	N	E	S	O	R	P	B	F	O	I	J	X	Z	G	T	W	N	H	W
D	K	S	V	D	E	Y	R	H	B	H	T	L	B	V	B	Q	Z	R	S

KANGAROO

REDOING

ACCOMMODATIONS

LEGALIZED

JOLTING

CENTS

EMULSION

LICENTIOUS

ASTRONOMERS

GRISTLE

UNDERFOOT

KOOKIER

PROSE

HORSETAILS

RHYTHMICALLY

ALOE

HEALING

TRUSTEE

IMPRESARIOS

TOUPEE

45

Q	Z	Y	G	G	C	O	K	F	L	L	I	M	D	A	E	R	T	A	P
I	G	M	K	X	N	A	F	C	B	Y	L	I	A	R	T	N	O	C	R
F	I	Q	S	B	C	I	L	Q	I	G	N	I	H	S	U	R	C	T	E
G	S	V	P	Q	A	V	T	T	P	R	I	M	R	O	S	E	D	H	P
M	E	C	E	Z	T	W	Y	U	Q	G	E	G	T	E	Y	Y	D	J	O
B	L	V	N	G	A	A	T	N	C	R	Z	V	N	T	W	F	R	H	S
E	B	J	D	N	M	R	F	O	Z	E	J	S	A	S	K	C	U	T	I
R	A	P	T	I	A	R	F	S	O	Y	X	Z	H	M	X	C	O	U	T
E	N	S	H	L	R	A	M	R	E	S	D	E	H	H	R	L	Z	E	I
K	E	Q	R	G	A	N	I	E	A	A	S	H	A	M	E	D	L	Y	O
C	T	L	I	G	N	T	G	P	L	S	U	H	B	H	K	M	J	S	N
I	P	K	F	A	S	E	C	E	L	L	E	T	A	G	A	B	N	W	I
N	P	L	T	H	S	D	O	P	T	O	M	E	T	R	I	S	T	A	N
O	J	G	R	A	C	E	L	E	S	S	N	E	S	S	B	Y	D	W	G
M	C	O	S	D	R	A	O	B	R	E	K	C	E	H	C	N	K	N	Y

TUCKS	ASHAMEDLY	TENABLE
CRUSHING	PERSON	CONTRAIL
EXECUTING	GRACELESSNESS	HAGGLING
PRIMROSED	TREADMILL	MAVERICK
WARRANTED	BAGATELLE	OPTOMETRIST
MONICKER	CATAMARANS	CHECKERBOARDS
SPENDTHRIFT	PREPOSITIONING	

46

M	G	O	H	P	K	S	E	S	S	U	R	T	W	G	L	Y	K	A	M
R	G	G	E	O	S	R	K	O	C	S	I	D	Y	E	O	U	M	T	K
I	N	N	P	M	N	A	A	C	U	W	Y	N	G	Z	N	P	E	E	N
N	I	I	O	P	I	S	H	A	A	M	S	A	O	B	B	B	H	O	V
G	P	S	L	O	M	E	J	D	C	R	T	J	O	S	E	N	X	E	L
L	P	A	L	U	A	R	B	G	C	N	T	T	S	S	S	W	O	D	R
E	A	E	U	S	G	G	Q	Z	A	N	T	E	Z	X	V	I	E	H	M
A	R	C	T	N	Q	Y	G	V	C	O	L	F	D	Q	C	R	A	A	W
D	W	R	I	E	G	Q	D	O	M	K	A	W	Y	I	E	K	E	C	S
E	L	U	O	S	B	A	B	L	C	M	C	H	Q	G	S	S	O	E	X
R	L	S	N	S	L	T	E	A	B	T	R	A	N	S	I	E	N	T	A
S	W	H	N	V	O	S	C	M	K	X	L	A	R	U	P	E	A	M	D
V	R	I	F	E	S	D	E	Z	I	L	I	V	I	C	N	U	H	C	X
V	J	F	J	O	V	E	R	B	A	L	A	N	C	I	N	G	I	R	X
S	A	R	T	O	R	I	A	L	L	Y	I	F	Q	V	F	T	H	N	B

SEAM

OVERBALANCING

ANGERED

SIDETRACKS

UNCIVILIZED

WRAPPING

TOE

BOTTOMLESS

CAISSON

SARTORIALLY

GOPHER

CACKLES

RINGLEADERS

SURCEASING

TRANSIENT

GAMINS

TRUSSES

ADVANTAGE

POLLUTION

POMPOUSNESS

B	S	G	H	U	V	C	W	I	D	E	S	E	R	V	E	D	L	Y	W
J	O	D	O	N	E	H	G	U	R	X	Z	F	C	C	D	U	H	B	W
W	I	O	J	I	N	Z	G	A	L	L	O	N	A	L	O	X	B	X	W
O	I	Q	P	X	T	F	M	X	Q	N	B	S	I	A	E	R	F	W	S
S	N	B	S	M	I	R	V	U	B	C	U	M	J	E	L	G	O	U	E
U	S	Q	K	Y	T	H	E	Z	W	A	V	R	B	Q	B	L	R	A	R
O	T	S	D	C	Z	U	T	S	L	F	E	A	T	Z	I	W	E	V	O
E	I	E	O	L	M	N	F	N	M	U	S	N	S	Q	S	T	N	O	V
S	G	Z	E	O	Z	L	E	F	Y	T	S	G	K	Y	A	B	O	N	I
U	A	L	I	S	B	S	S	B	H	Q	Z	O	B	A	E	Q	O	R	N
A	T	O	U	H	S	A	U	L	R	I	W	R	J	X	F	U	N	E	R
N	E	Y	E	U	L	G	T	Z	D	X	A	A	J	N	H	L	S	P	A
D	E	T	N	E	I	R	O	S	S	E	R	G	G	A	B	O	X	U	C
C	A	D	V	N	L	M	C	T	O	C	O	R	R	E	C	T	S	S	J
Q	E	D	K	M	P	O	O	C	S	C	J	O	P	D	Q	J	O	U	B

SCOOP	FORENOONS	GOITRES
TABOO	VENT	NAUSEOUS
GLUEY	AGGRESSOR	ORIENTED
CASUALNESS	FEASIBLE	MILD
CARNIVORES	CORRECT	ANGORA
DESERVEDLY	INSTIGATE	RIMS
GALLON	SUPERNOVA	

48

S	S	E	S	U	N	I	S	I	F	L	U	L	T	I	E	C	E	D	V
P	X	S	G	C	O	M	P	I	L	A	T	I	O	N	S	T	D	Y	S
E	R	N	G	P	D	E	T	A	L	U	D	N	U	E	A	Z	I	R	Y
C	K	O	D	E	S	S	E	R	P	P	O	C	X	Z	N	A	T	X	I
I	X	I	R	M	B	U	D	D	E	D	T	E	R	C	N	O	C	S	S
A	S	T	Q	K	S	H	B	I	R	H	T	A	N	E	U	S	H	I	J
L	T	A	B	I	K	R	O	F	P	R	W	O	O	L	L	D	E	S	J
I	U	L	X	T	S	M	W	P	O	H	T	S	E	E	L	N	S	E	L
Z	R	U	X	T	H	N	D	C	Z	B	T	G	R	B	I	U	B	H	H
A	G	T	Z	E	O	K	F	X	R	R	L	H	A	R	N	O	B	T	O
T	E	S	I	N	R	I	C	B	C	X	K	T	O	A	G	P	B	S	V
I	O	O	A	I	T	Y	O	X	G	K	M	K	K	N	Z	X	E	O	G
O	N	P	Z	S	A	N	X	W	D	J	M	G	V	T	G	E	L	R	L
N	S	X	O	H	G	S	D	W	C	U	M	A	B	S	R	N	Q	P	O
S	F	E	H	B	E	V	S	U	P	E	R	V	I	S	I	O	N	S	W

ANNULLING   EXPOSTULATIONS   SPECIALIZATIONS

SINUSES   GLOW   STURGEONS

CELEBRANTS   KITTENISH   DIPHTHONG

PROSTHESIS   DITCHES   EXPOUNDS

OPPRESSED   SUPERVISIONS   BUDDED

SHORTAGE   UNDULATED   CORTEXES

DECEIT   COMPILATION

J	T	A	K	D	E	N	A	G	G	O	B	O	T	E	T	P	M	J	T
M	T	Y	S	S	W	A	P	P	I	N	G	C	S	T	L	U	M	U	T
B	S	E	E	S	L	L	Y	L	L	A	C	I	G	L	A	T	S	O	N
J	E	T	S	H	O	W	P	L	A	C	E	G	B	R	S	B	C	Y	C
T	N	O	E	E	U	H	F	N	F	M	K	Y	A	W	K	T	Z	N	W
R	A	R	H	T	Q	D	G	I	B	L	G	J	C	M	A	R	B	E	R
U	E	W	T	P	F	Z	B	L	B	H	Y	Q	C	I	E	E	Z	T	Y
M	M	R	N	H	E	N	A	E	R	U	C	I	P	E	A	R	R	T	G
P	V	E	E	G	R	R	N	C	A	G	Q	Y	M	K	O	Q	E	L	K
E	N	D	R	L	S	I	C	A	S	T	C	U	E	Q	O	I	T	E	S
T	N	N	A	I	L	M	F	A	V	C	D	R	X	O	T	S	C	D	W
W	Z	U	P	D	N	V	E	F	L	I	V	J	S	F	Q	I	I	R	A
Y	P	O	U	P	J	O	X	E	S	E	R	S	N	T	T	O	R	L	I
O	V	A	O	A	X	S	R	L	F	F	S	O	K	G	K	X	T	I	N
R	M	E	Q	O	F	N	N	N	S	C	R	A	P	P	E	D	S	Z	S

MEANEST	SWAINS	TRUMPET
NOSTALGICALLY	UNDERWROTE	PERCALES
STRICTER	GAMER	TUMULTS
NETTLED	FLY	TOBOGGANED
EPICUREAN	SCRAPPED	PARENTHESES
BEAKER	RIFFS	SWAPPING
SHOWPLACE	MAUDLIN	

50

S	R	E	L	E	K	R	O	N	S	B	Z	B	D	E	B	O	R	D	I
W	L	I	O	H	W	G	N	I	M	O	S	S	O	L	B	N	X	N	F
B	E	L	A	U	N	D	E	R	I	N	G	D	L	F	O	W	X	H	M
M	X	W	Y	C	S	I	D	G	D	Q	I	T	S	E	D	N	I	L	B
I	A	H	B	S	E	X	J	T	P	S	R	Z	D	D	Z	G	T	F	M
U	P	S	U	R	G	E	D	I	P	E	S	T	E	O	E	U	Z	V	B
P	C	O	P	I	A	T	E	R	T	P	E	E	H	G	D	D	R	P	G
Q	L	E	Z	N	B	K	O	O	R	A	T	M	T	G	N	R	M	P	O
M	M	W	R	H	C	P	O	M	Y	C	A	B	A	O	X	A	Y	B	D
S	H	K	O	U	O	L	T	L	E	K	G	L	C	N	U	U	G	L	L
E	Y	B	P	R	D	D	G	Y	U	C	I	O	S	E	B	G	X	P	I
O	F	S	T	X	W	N	E	R	Y	A	L	R	N	S	S	Y	T	P	E
Q	F	I	F	Q	W	J	E	C	B	L	B	S	U	L	T	D	Q	G	R
X	O	H	B	L	N	L	H	A	I	B	O	E	S	W	A	O	I	M	M
N	O	N	W	A	R	P	E	D	R	R	C	N	L	B	R	B	U	Y	S

ROBED

BLOSSOMING

WARPED

BLACKCAP

DOGGONES

LAUNDERING

GODLIER

DISC

OPIATE

UPSURGED

DISPROPORTION

ENDURE

TEMBLORS

OBLIGATES

BLINDEST

LOOTER

UNSCATHED

SNORKELERS

RICED

BODYGUARD

K	S	W	M	T	Y	L	T	F	E	D	F	V	S	C	A	L	L	O	P
Q	I	J	U	N	S	U	P	P	O	R	T	A	B	L	E	V	A	W	K
P	N	M	L	A	C	I	G	O	L	O	M	Y	T	E	X	I	Y	V	C
W	D	D	R	Z	I	N	C	U	L	P	A	T	E	S	L	K	B	R	M
C	I	E	Y	T	I	X	E	L	P	R	E	P	Q	S	C	S	J	X	B
S	C	B	X	D	E	T	A	S	N	E	P	M	O	C	R	E	V	O	F
Y	A	A	D	G	V	E	N	D	E	D	E	Q	F	B	E	W	B	O	C
A	T	U	W	T	I	T	S	C	H	Q	D	O	W	N	D	L	J	D	Y
H	O	C	Z	W	V	A	R	F	A	Q	O	G	T	Y	A	X	V	M	K
S	R	H	B	O	A	T	E	R	S	J	R	U	T	F	X	Z	Y	R	Q
A	S	E	V	E	C	N	E	D	N	E	T	N	I	R	E	P	U	S	I
S	P	S	E	E	M	N	R	I	F	Z	C	W	B	J	D	O	Y	P	O
I	A	J	L	T	Y	F	I	L	I	V	U	A	G	V	F	U	P	T	P
Y	A	Z	D	Y	E	J	I	Q	V	E	B	L	B	P	V	Y	A	T	K
B	G	C	T	U	P	I	R	X	H	X	O	E	I	J	G	T	N	X	T

GUNWALE

VENDED

PAN

SCALLOP

UNSUPPORTABLE

DEBAUCHES

DEFTLY

AILS

DOWN

INCULPATES

BOATERS

COBWEB

VELDT

VILIFY

INDICATORS

SASHAYS

PERPLEXITY

ETYMOLOGICAL

OVERCOMPENSATED

SUPERINTENDENCE

52

T	U	S	M	T	F	R	K	M	S	L	U	V	X	R	Y	N	N	R	O
Y	H	L	I	S	E	L	I	W	R	P	V	P	R	F	N	A	O	B	T
L	S	G	G	A	T	O	V	Q	E	B	G	U	G	Q	Z	R	I	O	C
B	C	O	P	S	W	L	M	W	P	V	A	Q	M	W	V	T	T	S	O
A	H	S	P	I	W	G	O	R	P	X	T	F	W	E	U	D	A	P	M
S	U	W	B	X	A	X	O	J	I	L	E	R	N	A	E	N	Z	H	P
N	R	P	I	V	E	T	I	M	L	X	D	C	R	P	A	V	I	I	A
E	C	J	U	U	A	D	S	J	C	T	O	I	O	W	P	A	N	L	C
P	H	E	X	R	O	V	X	S	O	D	E	T	T	W	X	K	A	O	T
S	O	Y	I	U	O	C	B	I	E	S	S	X	O	Z	H	A	G	S	O
I	Y	E	U	G	W	Z	C	M	E	N	I	E	F	F	A	C	R	O	R
D	S	T	U	M	N	D	F	N	O	I	T	A	I	D	E	M	O	P	S
N	K	I	W	D	R	O	L	D	N	A	L	H	T	Z	R	Q	H	H	P
I	N	P	Z	Q	N	O	N	P	L	U	S	E	S	H	K	Z	R	Y	C
G	K	L	E	X	H	A	S	T	I	E	F	R	E	T	N	U	O	C	F

EXPOS	CHURCH	DEPOTS
CAFFEINE	JOLTS	OBITUARIES
CLIPPERS	NONPLUSES	INDISPENSABLY
VOGUING	ROTARIES	ORGANIZATION
COMPACTORS	GATED	ENCODE
MEDIATION	LANDLORD	REAPS
COUNTERFEITS	PHILOSOPHY	

O	V	Y	L	E	T	O	M	E	R	Q	S	G	R	F	F	D	W	D	R
S	P	O	M	F	I	A	G	L	C	U	D	E	G	N	O	L	C	I	H
U	A	Q	L	E	J	Y	I	L	B	I	V	C	N	L	Z	S	C	S	C
B	V	W	Q	J	O	N	O	Y	X	V	N	R	M	I	B	Z	L	C	Q
B	F	F	Y	O	K	K	S	S	I	C	X	O	K	M	I	H	E	O	U
A	D	B	I	U	G	P	M	N	P	V	J	J	C	L	J	W	A	U	G
S	N	J	P	O	C	A	G	Z	Y	R	V	I	Z	A	V	W	R	R	W
E	O	S	W	D	H	O	Z	A	X	L	E	E	B	G	L	U	I	A	D
M	U	W	I	S	N	R	E	T	S	G	T	C	F	P	G	T	N	G	E
E	V	S	E	C	R	E	T	A	R	I	A	L	E	B	I	X	G	I	L
N	J	Z	A	S	S	O	C	I	A	T	I	O	N	D	Y	L	H	N	A
T	A	I	F	R	E	C	N	E	L	U	R	U	P	Z	E	I	O	G	N
S	Y	G	E	T	J	S	P	E	C	K	L	E	S	A	W	D	U	L	G
I	M	Z	F	P	A	V	E	M	E	N	T	I	N	G	U	A	S	Y	I
P	E	N	C	I	L	I	N	G	S	O	F	Q	R	C	C	J	E	O	S

LACONIC   SECRETARIAL   FIAT

PAVEMENTING   PRECEDED   STERNS

PENCILING   REMOTELY   SIGNALED

SPECKLES   CLEARINGHOUSE   DO

LINKUPS   ASSOCIATION   PURULENCE

SUBBASEMENTS   LONGED   DISCOURAGINGLY

SHAMS   REVVING

E	W	Q	O	B	V	I	V	A	C	E	J	R	E	H	L	U	A	W	T
R	N	O	U	A	H	S	Z	H	L	M	T	C	N	S	S	Y	A	A	G
S	V	Z	G	D	A	N	B	W	N	I	E	O	F	B	J	B	I	H	M
Y	J	G	I	L	E	U	G	C	A	L	L	R	O	V	A	A	T	P	B
R	X	L	X	V	R	D	J	R	S	L	E	R	R	B	W	T	A	Y	R
A	A	R	P	D	O	L	E	S	U	S	G	E	C	Q	B	E	P	C	E
N	I	E	R	M	D	R	H	Y	O	T	R	S	E	F	O	J	E	O	I
I	M	P	O	R	Y	V	I	C	I	O	A	P	S	M	N	E	W	R	T
M	B	U	T	K	N	M	D	F	T	N	P	O	T	E	E	R	O	S	T
E	R	B	S	R	A	A	O	Z	I	E	H	N	R	B	S	A	R	E	O
S	O	L	E	Q	M	P	L	Z	T	S	R	D	Y	S	R	W	M	G	N
S	G	I	V	K	I	F	I	S	C	U	O	Q	U	K	T	D	S	W	K
U	L	S	N	F	C	J	Z	C	I	J	D	K	L	Q	D	R	X	W	B
X	I	H	I	B	Y	O	E	O	F	W	N	S	P	A	N	A	S	L	C
R	O	H	R	R	P	Z	D	U	Y	S	U	L	K	S	E	H	F	L	S

HARDWARE	CORRESPOND	DOLES
SULKS	MILLSTONES	REPUBLISH
CORSE	TELEGRAPH	INVESTOR
KNOTTIER	AERODYNAMIC	VIVACE
JAWBONES	IDOLIZED	IMBROGLIO
SEMINARY	UNDO	ENFORCES
FICTITIOUS	TAPEWORMS	

55

V	H	E	O	C	P	P	R	G	N	I	R	E	P	M	I	S	S	Z	Z
A	J	V	U	Q	R	B	E	T	R	A	C	I	N	G	S	T	S	D	I
M	O	R	N	U	I	C	I	V	C	V	X	H	C	A	F	Y	E	O	T
U	Q	E	C	U	T	O	L	A	R	A	E	L	C	U	N	C	N	V	E
R	D	S	O	S	H	I	Z	J	S	P	C	S	A	V	D	Z	T	E	R
M	R	E	I	E	E	B	Z	R	U	R	J	O	F	L	I	E	S	R	A
O	F	D	L	G	E	N	I	W	R	F	I	G	I	U	Q	Y	U	C	T
C	A	E	E	D	S	E	R	B	N	S	J	V	C	L	E	D	J	O	I
O	O	W	D	U	C	W	D	C	F	U	C	A	C	K	L	E	D	O	O
B	A	T	T	L	E	S	H	I	P	S	R	I	Y	U	E	F	S	K	N
L	N	R	O	S	E	N	E	R	V	A	T	E	I	I	N	P	B	N	Q
Q	V	N	B	M	C	K	C	Z	I	N	U	N	D	A	T	I	O	N	I
U	C	M	D	P	V	H	T	B	J	Y	L	S	U	O	L	U	B	A	F
A	W	U	H	A	L	A	R	M	W	D	N	S	W	O	N	S	V	U	A
Y	V	P	G	M	J	H	P	W	W	K	T	I	N	K	L	I	N	G	C

JUSTNESS	FABULOUSLY	OVERCOOK
ENERVATE	SIMPERING	PRITHEES
OIL	SLUDGES	TINKLING
BATTLESHIPS	INUNDATION	TRACINGS
UNCOILED	NUCLEAR	CACKLED
SNOWS	ALARM	ITERATION
DRIZZLIER	DESERVE	

56

S	L	S	R	E	S	O	R	T	T	N	E	D	I	V	O	R	P	M	I
K	I	D	R	O	C	A	B	E	M	E	R	G	I	N	G	Q	P	T	E
C	Z	J	F	F	J	D	E	N	A	C	R	A	N	S	Q	V	S	I	Y
E	K	J	O	L	K	E	A	C	S	L	S	O	P	T	Y	Y	S	R	G
D	N	N	S	J	X	P	E	P	K	K	T	F	Q	T	D	M	T	A	O
R	I	R	K	P	H	D	A	E	A	Q	P	Z	S	Z	P	F	R	D	L
E	G	E	Y	I	I	P	X	A	P	R	L	E	F	L	N	R	E	E	O
T	H	M	I	L	L	I	N	E	R	R	T	A	T	P	D	G	S	L	P
R	T	Y	L	D	X	I	X	M	H	W	L	M	C	N	L	D	P	J	A
A	I	A	D	O	O	H	I	L	E	V	I	L	E	I	S	O	A	D	E
U	N	T	Q	C	U	W	T	H	R	I	V	E	N	N	T	E	S	B	X
Q	G	A	E	T	Y	N	L	D	R	A	G	O	N	S	T	S	S	A	K
E	B	V	R	W	C	I	G	E	L	P	A	R	A	P	G	S	Y	L	A
T	L	N	N	O	I	T	A	G	E	N	B	A	E	C	C	U	C	M	O
P	H	Y	P	E	R	V	E	N	T	I	L	A	T	I	N	G	V	M	E

RESORT	TIRADE	THRIVEN
PARAPLEGIC	ABNEGATION	CEDILLA
IMPROVIDENT	ARCANE	EMERGING
MYSTICAL	MILLINER	APARTMENTS
HYPERVENTILATING	APOLOGY	TESTY
QUARTERDECKS	TRESPASS	KNIGHTING
DRAGONS	LIVELIHOOD	

57

I	D	E	W	O	B	T	U	R	N	A	B	O	U	T	Z	A	G	Y	L
M	F	V	L	S	T	A	T	U	A	R	Y	K	H	X	S	S	A	P	A
P	I	I	F	W	R	R	B	Q	R	E	I	S	S	A	S	S	G	M	J
G	E	T	O	H	S	Z	O	A	V	Y	Q	A	T	G	Y	I	L	U	F
T	R	A	R	S	R	E	L	B	B	A	B	F	L	G	R	S	J	D	O
N	Q	I	G	D	O	W	A	G	E	R	S	N	E	M	I	T	H	T	R
O	P	C	O	R	S	A	D	J	O	U	R	N	S	T	U	S	O	S	M
S	E	E	T	H	Y	E	T	K	T	N	W	W	B	Z	Q	A	V	D	A
R	B	R	K	W	Y	R	I	K	B	O	K	V	G	A	N	D	N	I	L
E	P	P	E	V	B	E	T	V	U	I	B	J	Y	I	E	A	S	R	L
P	G	P	M	V	Y	H	U	R	G	T	J	M	B	R	S	S	C	G	Y
Y	C	A	K	V	F	T	H	W	S	I	M	N	B	T	I	O	P	S	D
A	V	N	S	B	R	O	U	J	D	B	J	L	I	A	R	E	D	C	M
L	P	U	D	W	N	N	B	W	X	M	M	E	L	T	S	I	R	B	T
Z	J	G	D	Q	L	A	N	E	F	A	T	M	J	F	Z	G	R	I	P

BUGS	AMBITION	LAYPERSON
ADJOURN	SASSIER	DOWAGER
BRISTLE	STATUARY	FORMALLY
ASSISTS	FORGOT	DERAIL
UNAPPRECIATIVE	GRIDS	VIES
ENQUIRY	TURNABOUT	ANOTHER
BOWED	BABBLERS	

58

J	M	R	E	D	L	E	I	F	T	U	O	E	N	I	N	L	B	K	H
D	O	D	X	K	S	L	C	S	N	O	I	T	C	U	R	T	S	B	O
Y	D	C	E	M	R	I	R	W	O	E	N	H	V	I	E	C	W	B	T
O	E	O	A	P	P	Y	H	E	R	R	E	S	I	C	N	I	Q	P	T
G	R	N	D	B	M	Z	Q	U	H	W	W	K	T	P	G	V	Z	N	P
L	N	C	A	A	R	D	J	W	A	T	R	B	R	A	G	G	E	R	S
A	I	U	I	L	C	R	F	I	J	E	O	M	I	K	C	V	E	R	M
C	Z	R	W	B	E	L	N	O	T	P	L	R	A	S	T	R	I	N	G
I	E	R	M	P	A	S	V	I	W	S	I	S	B	R	C	L	N	T	A
P	D	E	B	S	C	Z	R	X	G	A	N	R	T	L	T	U	B	R	D
O	P	D	H	O	O	E	A	H	A	S	T	E	E	F	B	E	D	K	T
R	K	I	T	D	E	T	E	R	R	I	N	G	Y	L	E	O	D	F	V
T	E	E	L	O	P	I	Q	W	P	J	A	V	G	L	I	M	J	I	D
R	D	V	K	U	R	H	S	N	A	G	O	L	S	D	H	M	M	B	I
L	U	S	T	E	R	C	Z	P	D	S	E	C	N	A	H	C	S	I	M

SLOGANS	STRING	RETIRE
MARTED	FLASHIER	DETERRING
CONCURRED	WAINSCOTED	MISCHANCES
LUSTER	PERJURE	TROPICAL
MILER	MODERNIZED	BRAGGERS
INCISE	BROTHER	HASTE
OBSTRUCTIONS	OUTFIELDER	

59

P	G	G	N	I	T	A	L	U	P	I	N	A	M	B	K	H	N	E	S
C	N	B	Y	G	Z	H	J	C	I	P	C	N	E	V	C	A	T	E	Z
R	I	Y	O	E	Q	O	U	D	O	P	E	V	M	T	I	A	P	G	P
T	D	N	Y	Z	N	G	N	R	F	R	E	D	A	U	R	Z	E	Z	S
E	D	L	S	Y	E	U	N	F	F	C	R	L	O	E	X	Z	J	H	T
E	A	P	A	T	T	G	A	I	Q	M	N	I	S	M	I	G	X	D	R
G	U	I	L	O	R	C	O	T	T	U	R	I	D	S	E	C	S	D	O
A	Q	T	R	R	T	U	I	I	O	A	M	E	E	O	I	T	H	I	F
G	S	Y	N	U	E	X	C	Z	S	M	L	H	P	A	R	T	E	S	J
T	O	N	Y	O	D	D	A	T	O	T	T	O	H	Z	F	P	D	R	L
R	T	Q	N	X	R	T	N	C	I	O	I	C	M	L	L	I	H	P	U
O	P	O	R	P	R	F	F	A	P	O	R	C	M	M	I	S	U	M	W
M	N	S	B	Z	R	G	N	Y	E	A	N	C	I	Q	I	X	N	F	U
T	X	E	Q	Q	S	Y	H	O	D	M	F	A	D	D	L	R	U	A	A
G	N	I	K	C	I	L	C	G	C	T	H	A	L	X	W	S	A	G	B

PEDOMETER COMMISERATE MEANDER

CLICKING EGOISTIC ROTUND

PROP MID SQUADDING

UNLATCH UPHILL ARCHAIC

CORRIDOR IMMOLATING HYPOTHESIZE

CONFRONT MORTGAGEE FORTS

INSTRUCTIONAL MANIPULATING

60

J	E	V	A	S	P	Y	N	F	H	Y	C	N	E	M	E	L	C	N	I
M	E	S	S	S	O	G	Z	O	F	L	R	R	D	S	N	P	Q	U	B
J	Q	Y	T	E	S	O	N	I	N	B	R	E	D	T	T	A	W	R	F
W	T	Y	R	N	H	S	E	I	X	H	Y	T	K	X	S	N	J	E	R
A	S	L	O	T	R	W	X	I	Y	M	U	P	K	E	E	C	X	I	T
I	E	E	P	C	Y	W	R	S	D	A	H	K	U	T	T	R	R	T	Y
T	I	T	R	E	P	Z	U	E	R	O	M	N	P	E	I	E	Z	O	L
R	H	A	U	R	V	O	T	V	T	R	X	S	M	R	V	A	X	O	G
E	T	L	P	R	U	R	S	S	W	Z	X	D	I	P	N	S	B	S	E
S	R	I	D	O	E	D	H	S	D	W	D	H	K	D	I	A	L	M	M
S	A	H	H	C	V	O	L	O	E	G	N	I	H	C	U	O	D	A	D
E	E	P	N	G	T	Y	W	Q	Z	S	E	X	T	E	M	P	O	R	E
S	Y	O	M	S	N	O	I	T	A	C	I	F	I	N	O	S	R	E	P
K	C	V	R	C	V	T	M	R	P	T	M	I	N	I	S	T	E	R	V
D	E	E	S	C	A	L	A	T	E	S	R	N	R	M	S	B	U	J	E

EXTEMPORE

PHILATELY

INVITES

PURPORTS

PERSONIFICATIONS

DOUCHING

DISMAYING

DEESCALATES

POSSES

CORRECTNESS

HOTSHOTS

MINISTER

PANCREAS

EARTHIEST

WAITRESSES

CONCERTED

INBRED

INCLEMENCY

SOOTIER

PRETEXTS

L	E	M	I	N	O	I	T	C	A	R	E	T	N	I	G	R	Z	T	X
C	P	P	W	U	E	O	C	U	S	C	Q	D	G	B	X	Q	Z	X	L
Z	R	U	S	H	O	W	S	A	T	X	N	W	Y	S	L	K	V	L	V
M	I	K	Y	I	C	R	V	I	H	U	H	E	V	N	W	F	U	C	F
K	V	G	T	N	N	E	D	N	O	K	A	B	S	C	E	S	S	V	R
E	A	W	B	D	R	E	W	H	L	K	M	I	Y	D	L	G	I	U	R
S	T	Y	Z	S	R	F	E	I	R	T	U	L	T	Q	D	M	P	N	D
U	E	T	I	C	E	R	C	Q	H	X	M	A	I	R	E	M	O	C	T
I	E	C	S	P	O	G	O	Y	D	G	M	S	L	T	R	Q	E	O	N
L	R	I	T	H	K	E	R	B	L	N	I	U	I	R	T	N	R	O	E
H	D	U	H	E	W	E	N	Q	A	F	F	O	T	U	F	P	S	K	G
S	G	J	O	G	A	T	E	A	E	G	Y	R	U	H	Y	G	P	E	N
C	M	V	S	P	E	G	R	A	Z	F	I	A	F	N	H	N	L	D	A
Q	A	F	Q	X	V	A	S	L	L	J	N	A	N	U	N	J	E	U	T
W	M	Q	E	V	E	U	N	U	C	H	G	O	N	L	F	M	Y	B	R

ABSCESS	MUMMIFYING	DISCREDIT
FUTILITY	AROUSAL	PRIVATEER
EUNUCH	SHOWS	AERY
HOREHOUND	WELDER	YELPS
UNCOOKED	ZEAL	SAVERS
COMER	CORNER	INTERACTION
UNHURT	TANGENT	

62

I	N	O	I	T	A	U	N	I	T	N	O	C	S	I	D	P	D	W	V
H	G	G	C	Z	L	W	H	G	N	I	C	N	A	T	S	N	I	E	K
B	N	V	X	L	C	B	Y	T	S	E	I	L	B	B	U	B	F	P	G
Q	I	C	S	N	E	T	A	E	H	W	S	Z	S	H	D	U	S	M	Y
F	T	A	V	S	D	D	I	N	O	Z	Y	R	P	X	T	P	Y	A	A
O	C	T	X	A	E	E	N	E	B	W	R	B	A	X	A	C	D	N	W
N	I	H	T	F	N	T	M	H	D	G	A	R	W	V	O	G	U	A
C	R	E	I	F	G	H	E	G	Z	Y	N	F	T	T	A	C	R	A	E
L	T	D	L	I	I	G	R	N	X	N	I	W	S	Y	R	K	T	L	V
E	S	R	M	L	L	I	N	I	A	Q	K	R	N	T	C	P	C	S	I
O	I	A	W	I	A	L	E	P	H	F	E	F	I	A	Q	I	E	L	G
J	D	L	K	A	N	E	D	P	K	O	E	D	H	E	S	T	O	P	P
Z	E	S	J	T	O	D	E	I	N	Q	R	K	C	U	O	B	F	U	O
Z	R	H	N	E	N	I	U	N	S	M	I	N	T	E	D	G	A	U	S
O	O	G	B	B	N	Z	T	S	F	E	P	W	A	G	N	P	Y	A	L

CRAVAT

DELIGHTED

INTERNED

REDISTRICTING

WHEATENS

INSTANCING

REEKING

GIVEAWAY

BUBBLIEST

AFFILIATE

DISCONTINUATION

MINTED

SNIPPING

EAT

LA

CATHEDRALS

NONALIGNED

COCKPIT

MANUALS

CHINSTRAPS

63

I	N	D	I	S	P	E	N	S	A	B	L	E	S	A	F	W	Q	H	G
D	N	E	Y	E	D	O	W	Z	J	C	E	N	U	T	F	X	D	K	N
H	V	Y	K	O	O	G	Z	U	U	S	O	R	R	O	W	E	D	N	I
H	Z	E	Q	N	G	K	G	S	Y	I	X	E	G	D	E	A	K	L	L
D	P	N	A	H	M	I	T	O	T	V	A	C	N	L	P	X	B	I	E
S	X	E	P	Z	Y	O	Z	A	K	F	F	U	P	Q	G	W	I	F	K
T	W	L	X	K	M	N	I	H	G	H	O	S	T	W	R	I	T	E	R
E	A	Y	D	I	Z	D	E	L	A	U	G	H	A	B	L	Y	F	S	O
E	X	T	Z	C	A	B	F	W	A	T	C	H	T	O	W	E	R	P	N
H	R	E	D	R	E	C	O	L	O	G	Y	H	T	K	U	N	A	A	S
S	D	C	Y	L	R	I	W	S	P	E	S	I	O	J	Y	B	L	N	S
Z	T	A	H	O	N	O	R	A	R	I	U	M	S	O	K	D	L	S	R
L	N	Y	V	M	I	P	T	V	U	M	A	E	R	T	S	N	I	A	M
V	N	X	N	O	I	T	A	R	T	L	I	F	N	I	T	E	G	V	Q
F	L	O	J	C	I	T	N	A	L	T	A	S	N	A	R	T	Y	H	G

HONORARIUMS	RADIATIONS	LAUGHABLY
SNORKELING	SORROWED	INDISPENSABLES
OXYACETYLENE	TRANSATLANTIC	EDGE
WATCHTOWER	SHEET	ECOLOGY
CHOOSEY	SWIRLY	GHOSTWRITER
LIFESPANS	INFILTRATION	PUFF
CUSTOMIZED	MAINSTREAM	

64

R	E	N	A	S	C	E	N	C	E	S	F	N	Z	T	H	V	W	S	A
S	F	V	Z	R	R	O	I	O	P	P	L	I	Q	I	O	B	F	P	R
N	B	M	Q	H	S	A	F	M	P	E	S	R	O	H	R	A	W	O	C
D	C	M	M	R	M	O	E	M	A	D	F	Z	Y	H	D	F	M	N	V
O	Z	W	E	B	A	U	E	I	T	U	I	L	O	L	Q	O	R	G	L
U	C	T	I	T	K	E	D	S	R	T	K	Y	A	K	R	N	T	I	V
T	P	C	F	B	V	X	B	S	O	Y	B	D	A	N	G	O	J	E	I
F	S	J	P	A	K	C	A	I	N	O	H	F	E	R	U	H	J	R	P
M	K	I	G	N	N	G	O	Y	U	C	A	X	R	R	M	M	A	L
F	L	R	N	X	S	U	S	N	M	Y	N	B	T	K	A	A	M	Q	M
D	O	E	D	E	T	C	F	E	I	H	J	I	W	K	O	S	O	Z
F	F	N	E	C	I	V	X	D	C	D	P	G	I	B	L	A	S	I	C
A	P	V	D	H	L	G	M	O	Q	S	G	N	I	H	S	U	B	I	D
J	D	P	E	M	W	T	Y	H	H	F	A	S	S	U	R	E	D	S	E
M	S	C	O	U	R	E	R	H	E	N	M	F	P	I	L	L	O	W	S

PATRONYMIC   COMMUNAL   RENASCENCES

SPONGIER   SCOURER   WHEEL

SOARED   PILLOW   MAJORLY

ASSUREDS   DUTY   FORGAVE

WARHORSE   IAMBIC   BUSHINGS

FEEDBAGS   HYGIENIST   PINCH

DISARRAY   COMMISSIONED

U	J	D	C	I	G	F	G	E	T	A	L	F	N	I	K	N	A	E	C
Y	A	N	M	K	E	X	N	R	K	U	C	T	S	E	L	L	A	M	S
H	S	O	Q	Z	Z	H	E	Q	U	W	K	O	B	Y	E	W	W	D	U
A	S	I	R	Q	P	F	C	A	F	A	Y	P	S	G	N	S	D	E	A
D	N	T	A	E	E	I	R	L	E	V	I	R	D	N	G	N	G	P	S
M	O	A	A	D	A	H	A	W	K	R	H	F	S	I	I	Y	N	P	E
I	B	D	D	G	H	U	M	S	D	U	O	R	X	T	N	B	I	A	S
N	B	R	O	N	Q	C	S	N	J	G	E	G	W	F	E	T	L	L	U
I	E	A	R	I	V	U	R	X	H	D	T	N	A	I	E	E	A	F	M
S	R	T	A	G	G	G	E	A	N	P	U	I	S	L	R	S	U	B	Y
T	Y	E	B	G	B	A	R	A	E	Z	L	K	C	P	I	T	T	J	H
E	K	R	L	E	Q	G	L	M	W	S	D	R	B	U	N	I	C	V	T
R	R	N	Y	L	M	S	Q	X	M	R	G	O	J	P	G	F	I	Q	R
S	B	Z	T	E	Y	K	T	M	W	K	Q	F	B	H	W	Y	V	M	E
O	K	K	P	M	I	S	T	I	M	E	S	Y	K	P	R	C	D	U	P

TESTIFY

THYMUSES

SLANDERS

CRAMS

SNOBBERY

SMALLEST

UPLIFTING

RETARDATION

ADMINISTERS

DRIVEL

INFLATE

LEGGING

ENGINEERING

FORKING

SEARCH

VICTUALING

MISTIMES

ADORABLY

FLAPPED

DEFER

G	K	N	A	T	I	O	N	A	L	I	S	T	G	S	Y	D	P	U	I
R	M	P	R	M	V	Q	V	S	A	R	O	H	L	R	J	M	X	Z	L
O	I	A	C	O	F	F	E	N	D	I	N	G	E	S	Q	R	W	Y	E
V	O	S	Q	O	S	F	V	A	T	D	A	R	A	C	C	Y	N	D	L
A	D	P	M	U	Y	C	O	R	G	A	Q	S	M	X	Y	X	V	Y	B
F	E	U	P	T	S	E	I	R	U	O	L	F	I	R	E	Q	V	Y	A
S	L	A	C	H	E	N	P	L	A	V	X	C	N	S	A	H	W	U	T
I	B	A	S	Y	K	S	A	O	L	G	G	A	G	H	J	S	Y	N	U
D	R	W	E	S	O	E	E	P	L	A	I	I	U	Y	K	W	W	I	P
X	A	A	I	S	Q	H	T	A	O	I	T	N	C	Y	O	A	I	O	S
A	M	H	M	E	D	C	U	F	M	L	T	I	G	L	M	B	C	N	I
R	H	P	G	J	R	L	O	P	O	W	E	I	O	B	C	B	B	I	D
J	W	W	Y	N	Z	E	R	A	C	H	Q	O	C	N	V	E	Y	Z	N
A	V	Y	P	A	A	B	E	E	V	Q	G	C	N	O	V	D	S	E	I
R	O	T	C	E	R	H	R	D	E	T	A	R	E	N	I	C	N	I	D

OSCILLATION	MARBLED	INCINERATED
OFFENDING	GLEAMING	ACHE
RECTOR	NAPOLEON	BELCHES
DISFAVOR	INDISPUTABLE	NATIONALIST
FLOURIEST	FORAGING	POLITICO
LYNXES	PYGMIES	UNIONIZE
SWABBED	REROUTE	

P	I	Y	H	D	Y	S	Y	M	P	O	S	I	U	M	S	J	Y	T	N
S	G	G	B	E	J	T	I	X	H	L	I	A	U	Q	G	S	L	Q	O
S	T	Q	U	L	J	J	C	W	I	V	E	S	M	E	G	R	L	C	I
E	M	G	Z	O	W	R	M	W	A	C	X	X	T	P	M	W	A	H	T
N	E	T	P	H	S	V	K	O	O	W	P	G	A	R	S	E	C	I	A
N	R	I	Z	U	T	Q	I	L	D	S	E	F	N	E	A	Y	I	C	C
O	C	W	V	T	C	N	O	C	A	G	R	F	T	S	E	R	T	K	I
T	E	H	L	X	G	U	K	T	W	W	I	E	R	S	Y	Y	O	A	F
N	N	Y	Z	I	R	V	F	F	A	Y	M	R	U	M	M	G	I	D	I
A	A	F	O	S	J	I	E	U	Z	Q	E	B	M	A	A	M	R	E	T
W	R	C	L	A	R	O	T	T	I	L	N	P	S	N	V	D	T	E	C
J	I	E	Z	T	K	P	A	X	U	E	T	F	T	G	D	Q	A	P	N
T	E	E	K	N	A	Z	I	O	T	H	E	R	W	I	S	E	P	Y	A
H	S	D	E	I	F	I	N	U	E	R	R	D	L	C	V	W	R	I	S
D	V	M	C	A	L	Y	X	E	S	A	S	R	O	S	I	N	E	S	S

QUAIL	LITTORAL	CHICKADEE
COLOURS	EXPERIMENTERS	PRESSMAN
REUNIFIED	COIGN	HOLED
SYMPOSIUMS	SANCTIFICATION	TANTRUMS
YEAS	OTHERWISE	ROSINESS
MERCENARIES	CALYXES	PATRIOTICALLY
WANTONNESS	WIVES	

68

O	B	W	A	J	X	L	L	V	Q	M	U	F	F	L	E	G	L	C	L
T	E	N	A	B	I	L	I	T	Y	P	R	I	V	A	T	E	S	T	L
M	I	N	C	A	N	D	E	S	C	E	N	T	S	N	R	C	E	F	C
L	U	F	L	I	A	P	F	R	U	J	F	S	R	E	V	A	E	W	G
W	A	P	O	R	T	R	A	I	T	U	R	E	Y	L	N	Q	Z	Z	E
M	M	I	R	C	O	D	D	L	I	N	G	F	K	R	J	T	V	E	N
F	R	U	R	M	S	F	O	R	N	I	C	A	T	I	N	G	I	M	E
E	O	R	F	C	W	R	S	O	L	L	W	F	G	A	S	P	N	J	R
D	F	E	Q	L	R	D	Y	I	T	G	D	Z	T	L	J	X	A	X	A
I	E	I	Q	W	K	A	B	T	G	R	Z	H	K	A	V	A	D	R	T
R	V	V	E	I	V	R	F	Q	U	A	R	T	E	R	L	I	E	S	E
C	A	R	E	A	A	P	J	T	S	T	S	E	I	K	C	U	Y	X	S
C	W	U	W	R	Y	S	C	O	R	E	C	A	R	D	G	E	O	V	H
Y	K	C	Y	W	E	T	D	M	Q	A	S	P	I	R	E	E	S	Y	Y
G	Z	S	I	G	N	I	Y	A	S	M	I	D	W	I	F	E	C	G	B

YUCKIEST

AIRCRAFT

INCANDESCENTS

SCORECARD

SCURVIER

SAYING

GENERATES

WEAVERS

MIDWIFE

MUFFLE

WAVEFORM

TENABILITY

LIBRARY

CODDLING

FORNICATING

QUARTERLIES

ASPIRE

PORTRAITURE

PAILFUL

PRIVATEST

H	F	F	V	Y	L	L	A	I	C	I	F	F	O	L	S	C	J	Y	N
T	C	I	R	K	S	H	R	V	U	Y	H	S	B	J	N	O	W	D	Q
R	G	N	I	T	A	E	P	E	R	F	F	L	B	Z	I	R	O	H	L
A	F	E	D	L	S	U	B	S	E	C	T	I	O	N	S	R	L	B	U
Z	B	E	P	A	L	E	O	N	T	O	L	O	G	Y	S	O	L	N	C
Q	O	U	G	N	I	N	I	A	T	R	U	C	Y	W	A	B	A	B	K
D	S	Z	C	O	R	L	N	I	B	R	U	S	O	J	S	O	S	Q	I
A	Z	J	J	S	K	Q	I	P	Z	V	Q	V	P	L	S	R	R	D	E
C	N	A	I	R	A	R	B	I	L	M	C	M	Y	F	A	A	Q	T	S
G	N	I	D	N	A	T	S	R	E	D	N	U	S	I	M	T	B	Q	T
M	P	O	L	I	C	E	S	Z	D	M	J	S	A	N	Q	I	E	O	M
Q	F	O	M	K	V	D	A	T	B	P	X	B	I	W	K	O	V	O	R
G	S	L	O	U	C	H	I	E	S	T	E	L	D	X	R	N	I	U	J
H	O	B	N	O	B	B	E	D	P	T	T	Y	A	Q	E	C	E	P	C
D	F	B	S	S	E	L	D	N	U	O	R	G	W	Y	A	S	N	A

SUBSECTIONS   PALEONTOLOGY   HOBNOBBED

SALLOW   GROUNDLESS   LUCKIEST

REPEATING   IRKS   LIBRARIAN

CURTAINING   WADI   ASSASSINS

OFFICIALLY   SCUBA   CORROBORATION

POLICES   BEVIES   MISUNDERSTANDING

SLOUCHIEST   ABET

70

E	E	F	L	X	M	T	D	E	T	S	E	T	N	U	E	D	A	J	O
Z	H	G	A	B	F	C	S	Y	R	E	C	O	R	G	C	D	E	W	I
I	P	C	R	Z	R	E	I	N	S	T	I	L	L	I	N	G	L	G	I
N	X	G	U	M	E	S	M	Q	I	V	W	J	C	P	A	G	X	N	R
I	N	I	T	R	E	I	A	G	C	T	N	B	M	V	R	J	Y	I	H
T	T	W	C	D	B	B	T	A	N	K	S	H	T	G	A	A	C	N	N
U	S	M	U	A	O	H	Y	K	A	N	S	O	S	X	E	L	E	R	M
O	E	L	R	F	O	E	Z	I	C	I	T	I	R	C	P	O	F	U	N
R	I	I	T	F	T	A	X	G	D	B	T	I	P	K	P	P	E	B	E
A	K	R	S	I	E	R	N	H	I	B	R	Z	O	P	A	Y	W	D	M
T	C	L	J	E	R	I	E	P	T	Y	I	R	N	O	S	O	G	N	B
P	I	X	Z	R	D	L	J	T	T	T	G	N	H	W	I	Y	E	I	J
F	X	W	T	N	P	K	I	V	O	R	S	O	D	H	D	I	A	W	S
U	D	T	A	E	C	F	N	F	E	U	Y	E	L	L	A	V	O	U	H
A	H	L	R	Y	H	L	H	T	S	R	C	N	O	M	V	N	I	S	W

EDGY

LANDING

INSTILLING

DAFFIER

VALLEY

JALOPY

ICKIEST

ROUTINIZE

STRUCTURAL

TANKS

DITTOES

BISECT

WINDBURNING

RIGS

HELPER

GROCERY

CRITICIZE

UNTESTED

DISAPPEARANCE

FREEBOOTER

71

A	Q	D	W	R	J	S	X	Q	X	L	S	E	E	N	Z	I	G	I	T
L	C	B	E	D	I	C	A	T	H	A	R	S	I	S	A	N	Q	X	X
G	T	E	I	L	A	A	S	A	C	R	O	S	A	N	C	T	B	R	H
L	L	Y	P	E	Z	M	A	P	C	A	R	O	U	S	E	R	S	Y	T
T	N	B	S	V	T	H	G	I	T	P	U	V	A	L	E	E	P	O	F
E	Z	N	V	E	P	R	O	J	E	C	T	I	O	N	I	S	T	S	W
T	V	C	Z	R	T	R	S	J	M	B	O	O	T	B	L	A	C	K	E
R	E	E	L	A	I	B	V	K	E	O	L	Q	A	N	J	G	U	D	N
O	C	V	E	G	B	K	N	I	F	E	O	D	U	V	V	C	E	E	D
L	M	O	C	E	M	Z	S	J	W	O	P	R	O	B	S	R	I	P	I
L	F	J	T	D	O	Y	Z	L	P	A	S	T	E	E	P	L	Y	I	N
S	A	E	P	P	R	A	G	G	E	D	I	E	S	T	O	P	I	N	G
R	E	C	O	N	S	I	D	E	R	S	I	J	E	O	N	H	H	R	S
L	S	D	E	P	O	M	X	R	Q	U	R	F	A	D	M	A	T	U	Y
L	C	E	L	G	G	I	N	M	A	I	N	L	I	N	E	S	G	T	E

SACROSANCT   ANTEROOM   LANGUAGE

CAROUSERS   STEEPLY   UPTIGHT

NIGGLE   VALE   TURNIPED

CATHARSIS   LEVERAGED   MOPEDS

ENDING   BOOTBLACK   MAINLINES

PROJECTIONISTS   TROLLS   RAGGEDIEST

LEER   RECONSIDERS

72

K	D	J	A	O	C	L	A	M	M	I	N	E	S	S	Q	C	I	A	L
Y	D	I	L	S	N	S	K	V	S	A	Q	D	Y	B	U	G	D	T	O
L	E	U	H	N	D	Y	D	G	V	R	L	D	M	S	N	D	H	G	I
L	I	C	U	A	U	R	N	N	O	S	Y	K	N	U	R	S	I	V	N
A	F	R	N	K	D	I	O	F	U	T	P	O	J	E	J	S	T	L	T
C	I	A	X	O	V	V	X	W	S	O	R	S	S	N	R	E	N	R	A
I	R	N	P	O	I	P	I	O	R	E	S	S	G	E	N	A	A	K
T	T	I	L	S	G	T	L	S	L	E	E	E	R	N	B	H	R	Z	E
A	N	U	E	Z	A	L	C	I	O	D	T	C	R	I	U	S	O	O	G
M	U	M	V	P	I	F	A	N	D	R	K	F	M	Y	K	A	D	G	K
M	O	S	S	D	K	C	U	I	A	M	I	H	A	A	E	R	O	O	A
A	C	F	A	O	U	U	O	E	F	S	V	E	S	L	S	B	E	U	F
R	D	M	D	J	Q	K	E	Q	A	C	O	V	S	S	R	U	D	G	H
G	R	B	H	S	K	R	O	W	K	C	O	L	C	I	W	F	Q	E	F
A	Y	L	L	A	C	I	T	N	A	D	E	P	J	M	U	J	Z	S	Z

DEODORANT	LOVINGS	ARMADILLOS
AFTERWORDS	REBUKES	CLOCKWORKS
PEDANTICALLY	SANCTION	MISLAYING
RESOUNDS	COUNTRIFIED	ADDRESSED
GOUGES	AILERONS	BRASHNESS
GRAMMATICALLY	ADVISORIES	CLAMMINESS
INTAKE	CRANIUMS	

L	J	L	U	J	I	A	C	I	A	P	H	O	R	I	S	M	E	U	I
S	L	G	H	R	K	S	H	T	O	L	C	H	S	I	D	T	B	W	H
P	N	B	N	R	P	A	N	T	I	T	H	E	T	I	C	A	L	L	Y
K	H	O	R	I	Y	R	O	H	T	K	O	S	F	U	S	T	I	A	N
U	A	R	W	P	S	T	P	H	J	S	C	V	P	A	T	E	N	T	S
G	R	P	E	P	M	R	P	E	Q	D	E	I	R	L	H	V	T	C	U
N	P	K	G	T	L	G	E	H	F	A	S	L	L	J	S	W	K	S	E
I	S	K	N	O	T	O	I	M	O	Y	T	A	B	W	Q	C	O	V	A
L	I	N	B	U	B	E	W	C	M	L	U	J	C	A	O	F	H	U	N
P	C	Z	X	A	M	X	B	E	Y	I	O	J	C	A	F	C	Y	M	U
M	H	N	D	L	M	B	S	K	D	G	R	J	X	L	T	F	Z	D	C
U	O	F	E	B	E	T	L	Z	P	H	T	X	M	H	R	H	A	Z	A
R	R	L	E	Z	A	M	F	Y	M	T	S	Y	L	I	H	J	O	C	L
C	D	N	N	T	Q	B	L	E	E	S	Q	J	C	C	Q	Y	T	D	A
I	N	O	I	T	A	K	R	A	B	M	E	S	I	D	B	X	V	H	E

IMMERSING

FUSTIAN

NUMBLY

DISEMBARKATION

TROUTS

CATHODE

SNOWPLOWED

COWLICK

TATS

APHORISM

BETTER

ANTITHETICALLY

AFFABLEST

DAYLIGHTS

HARPSICHORD

LACUNAE

CRUMPLING

PATENTS

DISHCLOTHS

GOB

74

Q	S	C	I	A	L	U	M	R	O	F	C	B	D	C	S	K	Z	D	Y
U	E	D	J	W	H	C	E	E	B	U	D	M	G	A	B	K	D	L	S
B	T	E	F	L	T	X	S	C	E	T	N	B	D	R	L	C	E	F	T
S	A	C	S	E	T	A	I	R	B	E	N	I	D	O	Z	V	Z	Q	A
C	L	R	I	J	P	D	B	G	C	E	T	X	H	U	I	X	J	W	L
H	U	I	N	M	H	Z	E	H	Z	G	X	P	E	S	I	S	A	O	L
I	P	M	W	R	I	T	O	N	N	R	E	M	U	A	C	A	Q	Y	I
C	O	I	U	P	L	O	J	I	A	T	G	L	B	L	T	F	V	S	O
A	C	N	Q	K	S	M	V	T	U	O	C	B	U	L	L	E	T	Z	N
N	F	A	X	Y	W	R	E	L	A	N	M	E	Q	Z	V	T	G	S	S
E	F	L	U	R	A	Q	A	N	I	U	R	E	D	Z	P	I	G	Z	I
R	W	I	O	T	C	N	G	V	T	R	O	J	B	P	L	E	L	J	U
I	R	Z	S	U	T	S	R	E	C	I	N	H	X	A	Y	S	Y	I	S
E	D	E	L	L	T	J	D	B	P	I	T	I	L	E	S	S	L	Y	A
S	M	S	Y	L	W	N	D	E	F	E	R	M	E	N	T	S	Z	X	B

DECRIMINALIZES

CAROUSAL

PITILESSLY

WRIT

INCLUSIVELY

BEECH

STARVING

DEFERMENTS

COPULATES

FORMULAIC

CHICANERIES

ANGST

SAFETIES

INEBRIATES

BEMOANED

BULLET

CHOOSY

NICER

PETULANTLY

STALLIONS

75

D	S	X	B	R	K	T	C	J	Q	O	X	Y	G	E	N	A	T	E	S
E	T	Y	G	R	D	D	R	V	S	G	N	I	K	N	A	R	R	B	P
P	A	R	B	A	G	I	G	G	R	O	U	S	E	F	F	E	V	Y	E
O	O	E	X	R	Z	W	S	D	K	E	W	E	C	G	A	G	L	T	R
O	B	Q	E	K	E	Q	P	A	E	N	J	W	L	N	O	R	E	T	I
N	W	U	Z	R	W	E	C	G	D	Z	H	S	I	D	D	A	F	O	S
S	O	E	E	A	V	R	V	Q	S	V	I	P	S	S	F	U	L	D	H
W	H	S	R	F	Y	U	T	A	E	L	A	S	K	X	F	R	H	K	A
M	S	T	N	L	W	K	U	R	L	H	I	N	E	S	A	F	O	X	B
R	E	S	I	H	P	R	S	L	E	U	V	O	T	H	D	Q	S	R	L
Q	T	C	T	E	A	B	A	G	K	T	A	B	F	A	T	L	E	Z	E
C	R	O	S	S	B	A	R	R	I	N	G	T	T	E	G	N	N	H	S
S	N	O	R	D	E	H	Y	L	O	P	U	F	E	Y	R	E	Y	B	Y
C	L	R	C	S	E	T	A	M	I	C	E	D	H	D	C	T	O	S	W
V	F	M	G	C	Y	L	B	I	L	E	D	N	I	O	I	W	E	S	D

TEABAG	CROSSBARRING	REQUESTS
FADDISH	DISADVANTAGE	SHOWBOATS
RANKINGS	REEVALUATED	DOTTY
INDELIBLY	PERISHABLES	OXYGENATES
DECIMATES	TREFOILS	ACRYLIC
POLYHEDRONS	GROUSE	SNOOPED
FAR	SYNTHESIZED	

76

X	J	E	D	Z	E	L	B	A	T	T	E	G	R	O	F	B	R	J	R
F	Y	A	Y	F	U	E	T	A	C	I	D	N	I	V	Y	E	F	L	E
Z	V	Y	L	R	E	D	N	E	T	R	X	P	K	I	P	D	B	E	V
P	L	N	L	S	N	T	G	E	V	D	O	C	C	Y	C	R	T	C	E
T	C	I	T	C	A	R	P	O	R	I	H	C	V	K	J	A	Q	D	L
B	A	L	E	F	U	L	L	E	R	G	J	X	D	O	U	G	N	S	A
I	P	D	V	N	S	M	B	O	B	C	E	I	K	D	F	G	O	R	T
S	R	L	W	T	G	L	M	E	S	E	N	T	A	Z	Z	L	I	E	I
S	E	O	E	V	R	I	A	M	X	G	R	R	I	X	P	I	T	E	O
E	I	O	U	N	V	P	I	N	H	X	G	S	F	C	L	N	C	T	N
R	P	S	M	B	U	T	P	I	O	T	W	J	E	Y	S	G	E	T	S
T	E	E	P	K	H	T	E	I	S	S	Q	M	N	R	A	O	P	E	W
S	E	S	F	S	Z	S	R	O	P	X	R	E	R	E	K	O	S	Z	G
I	L	T	F	L	R	O	P	O	D	E	T	E	K	C	O	D	N	A	B
M	S	R	X	E	I	Q	Y	D	F	H	X	W	P	O	O	O	I	G	Q

MONKEY

FORGETTABLE

DOCKETED

CHIROPRACTIC

POSTGRADUATE

FORTUNE

GAZETTEERS

DINGHIES

MISTRESS

PERSONALS

LOOSEST

REVELATIONS

BALEFULLER

SLEEPIER

INSPECTION

BEDRAGGLING

SMITHS

VINDICATE

ENERGETICS

TENDERLY

R	A	P	A	U	K	P	G	N	I	L	G	G	I	N	M	X	V	J	Y
B	A	S	A	D	N	E	I	C	A	H	F	Y	G	N	I	D	C	I	O
D	Q	G	B	E	C	N	E	C	S	E	L	A	O	C	E	O	V	L	U
K	R	M	S	W	J	G	W	X	P	T	N	I	F	D	A	Y	D	D	V
I	D	R	A	Y	L	O	O	H	C	S	T	C	U	U	P	I	K	F	S
S	U	O	I	G	I	T	I	L	R	C	Z	O	T	S	E	G	D	T	O
L	A	C	E	D	O	R	A	U	E	G	R	H	O	S	F	A	A	Y	Z
E	Z	Z	R	F	D	Q	E	F	R	H	O	I	J	M	A	B	A	W	V
C	D	L	D	Y	F	P	R	I	S	R	C	V	R	F	W	U	F	T	D
V	J	C	E	K	K	E	M	F	S	B	R	I	O	T	I	N	G	M	V
B	C	U	M	J	P	A	B	O	P	A	G	N	I	L	U	R	S	I	M
Y	S	D	E	W	C	O	Z	S	T	O	L	L	A	B	T	P	W	D	Z
Z	H	W	E	E	Y	O	F	T	N	O	R	F	R	E	T	A	W	R	Q
Z	P	L	D	Q	A	Q	P	G	U	I	D	E	L	I	N	E	S	X	D
A	R	G	O	S	I	E	S	U	T	S	E	I	T	F	I	N	T	U	C

MISRULING	BALLOTS	FIN
GRIMACE	OLDIES	WATERFRONT
SHROUDED	COAUTHORS	NIFTIEST
LITIGIOUS	PERFECT	NIGGLING
DEEMED	COALESCENCE	DECAL
RIOTING	ARGOSIES	SCHOOLYARD
GUIDELINES	HACIENDAS	

S	F	C	A	Y	Z	S	U	P	P	L	E	M	E	N	T	G	Z	T	F
C	Y	W	R	W	S	C	K	E	O	K	H	L	P	F	H	N	E	B	J
A	G	Z	P	E	F	Y	R	R	L	M	P	R	D	A	Q	I	T	T	C
F	L	F	H	S	D	D	C	J	P	A	E	E	Z	Z	Q	T	R	Y	T
F	O	W	S	Y	E	E	W	P	G	K	C	G	G	E	U	A	W	L	T
O	Z	K	T	L	L	V	N	N	O	E	H	N	N	S	J	O	T	L	G
L	A	M	A	Q	K	O	I	Z	A	I	W	I	I	D	G	L	N	U	Y
D	I	H	O	B	S	G	H	S	A	I	B	N	K	E	Z	F	A	F	T
S	N	S	Z	O	G	E	E	C	D	S	U	U	N	H	U	T	I	T	I
I	C	Q	F	A	Z	S	X	T	N	I	L	R	I	S	U	N	C	C	S
X	O	U	S	C	Q	X	Y	S	I	A	D	P	H	I	A	I	U	E	R
G	A	E	L	N	A	J	C	E	N	N	L	S	T	R	Z	K	O	L	A
F	R	L	K	M	P	N	Y	E	H	R	U	E	N	E	Z	K	S	G	P
L	U	C	R	M	Q	S	D	F	B	V	N	W	M	H	W	U	N	E	S
I	G	H	D	I	S	C	O	U	R	S	I	N	G	C	B	V	I	N	X

INHALED	CHERISHED	UNITE
DISCOURSING	DECEASES	PRUNING
FLOATING	SCAFFOLDS	PLOP
INSOUCIANT	FAZES	SQUELCH
CREDENZAS	THINKING	SPARSITY
SUPPLEMENT	SAGGING	NEGLECTFULLY
MELANCHOLY	FEES	

79

S	F	E	Z	I	L	A	T	N	E	M	T	R	A	P	M	O	C	I	K
U	S	A	G	O	T	B	N	O	I	T	A	I	C	N	U	N	O	R	P
S	S	T	S	I	D	N	A	G	A	P	O	R	P	G	N	A	H	I	T
R	P	R	R	O	N	O	S	M	X	H	O	V	U	C	I	B	H	U	E
E	O	E	D	G	J	A	L	J	C	X	N	B	M	U	C	A	J	Q	W
L	T	I	F	T	N	V	W	O	M	S	T	G	J	Q	V	Z	X	P	E
B	L	L	A	I	Z	I	O	P	X	G	Y	D	A	E	I	N	P	U	T
M	E	D	T	S	C	R	T	P	M	U	D	M	W	D	C	D	Z	V	S
A	S	L	I	S	B	L	Y	C	V	E	C	S	P	L	R	T	D	N	G
R	S	R	G	E	Y	A	U	H	I	L	O	N	N	A	O	H	R	K	E
C	L	O	U	N	C	W	F	T	P	D	O	W	X	V	T	A	X	I	L
S	Y	W	E	I	U	T	P	W	C	B	D	O	X	C	E	H	N	D	O
N	F	Y	S	V	L	X	J	Y	I	H	M	A	S	P	M	H	Y	W	P
T	W	O	Y	A	T	G	P	F	V	Q	E	U	U	L	F	L	L	J	A
P	K	B	A	W	E	T	Z	A	R	S	W	D	X	K	H	F	P	N	L

CLUTCHED SPOTLESSLY EARNS

TZARS TOGAS SYMPATHY

BOY POLE FATIGUES

OBJECT DUMP PROPAGANDIST

INPUT BROOCH PRONUNCIATION

WORLDLIER ADDICTING COMPARTMENTALIZE

WAVINESS SCRAMBLERS

80

H	V	D	W	A	D	P	X	T	P	V	G	W	I	L	I	N	E	S	S
G	V	O	N	E	S	I	B	R	E	G	N	U	L	G	O	K	D	B	F
W	I	C	N	Y	R	H	S	A	R	Y	G	C	T	A	U	R	T	O	O
P	N	J	Z	I	E	U	U	P	L	H	I	N	I	B	I	Y	O	J	O
A	C	G	X	G	N	T	S	P	O	V	S	T	I	V	L	T	U	U	G
Y	O	X	G	Y	A	S	M	N	I	R	R	P	I	T	I	I	B	H	P
D	R	X	E	C	W	I	T	L	I	I	T	S	U	N	U	V	L	U	P
A	P	B	Z	U	S	A	I	R	F	T	C	S	G	K	D	B	B	T	W
Y	O	L	H	B	N	Z	L	L	U	O	E	N	C	S	R	E	E	Y	T
Y	R	S	J	U	A	E	E	L	S	C	E	N	Y	H	R	A	F	D	A
K	A	V	I	T	L	D	V	I	E	I	T	Y	U	T	V	T	M	Z	L
Z	T	M	I	D	X	Z	T	E	L	V	E	S	Y	R	X	C	Z	P	J
M	I	O	E	V	N	Y	Z	A	R	G	O	K	J	X	I	C	D	O	P
L	N	E	F	R	S	V	A	R	I	P	D	N	F	V	V	N	Y	N	M
S	G	N	I	T	T	I	P	S	S	Y	S	W	O	F	A	V	G	L	S

MARKUPS

SPITTING

INSURE

TENURING

LUNGER

INSTRUCTS

DEBUTING

NOVELLA

VISCOSITY

REVENUE

WILINESS

PUBERTY

DISPORTS

TRIFLED

FOOTING

CIVILIZATIONS

ALIEN

INCORPORATING

SIMPLY

PAYDAY

81

Q	E	L	E	C	T	I	O	N	E	E	R	I	N	G	P	R	S	K	U
Q	S	D	K	U	N	D	E	R	E	X	P	O	S	E	S	J	S	T	E
C	B	H	I	A	T	B	C	E	Z	G	F	Q	J	Y	L	T	Z	Y	B
S	R	R	Q	U	U	O	V	D	S	E	G	W	E	T	D	U	D	Q	X
T	E	Y	P	R	C	N	C	Z	S	L	O	J	K	B	I	M	I	W	S
E	V	E	N	M	H	U	A	D	S	H	O	R	E	L	I	N	E	K	E
K	H	T	D	Q	W	S	P	E	C	K	E	R	S	H	A	R	D	M	C
C	F	Z	F	C	S	E	L	D	D	A	W	L	N	S	B	D	E	N	N
I	D	W	V	C	Z	S	F	C	O	L	O	G	N	E	X	E	C	G	A
H	L	T	I	M	P	R	E	S	S	I	V	E	Q	W	E	M	N	U	N
T	N	F	I	N	A	N	C	I	N	G	I	O	R	M	T	A	E	C	E
N	M	Q	M	M	G	M	M	L	I	G	Z	O	P	L	R	N	I	U	P
S	E	I	T	I	L	I	B	A	R	E	N	L	U	V	E	N	D	S	H
R	E	D	E	D	R	A	G	E	R	S	I	D	B	X	V	U	U	D	W
K	Z	A	S	R	R	R	L	G	N	I	D	N	E	C	S	A	A	Y	L

ONUSES

PECKER

WADDLES

VULNERABILITIES

VERBS

SHARD

UNNAMED

UNDEREXPOSES

SHORELINE

BURNT

COLOGNE

IMPRESSIVE

ELECTIONEERING

THICKETS

ASCENDING

PENANCES

VERTEX

AUDIENCE

FINANCING

DISREGARDED

82

J	N	U	G	Y	S	A	M	O	R	T	S	L	E	A	M	I	G	U	R
S	O	Q	A	Y	E	G	T	W	R	P	S	T	A	N	D	B	Y	S	J
N	I	P	R	D	I	I	S	R	E	D	N	U	O	F	D	N	F	H	L
A	T	R	N	M	C	L	N	H	P	R	X	G	E	Q	Q	T	I	N	D
M	A	O	P	R	N	H	T	O	O	M	A	N	T	E	S	X	K	K
Z	E	F	E	E	E	B	P	M	R	L	Q	Q	O	O	N	T	B	B	C
T	N	E	C	H	I	T	W	I	T	L	F	G	F	H	C	C	S	B	C
G	I	S	N	C	C	W	W	C	I	E	K	I	U	N	N	E	E	N	A
Z	L	S	E	A	I	F	U	I	N	C	H	J	L	X	W	X	Z	K	M
C	E	I	L	E	F	P	N	D	G	N	Z	U	G	H	J	C	L	V	H
H	D	O	U	T	E	Z	N	E	K	A	L	U	S	H	A	L	O	E	S
D	I	N	R	G	D	A	B	S	W	H	Y	O	L	T	L	I	H	N	U
J	I	S	I	K	I	N	G	J	D	C	S	G	G	Y	N	S	W	B	E
X	E	Y	V	N	K	N	Z	J	S	D	N	E	P	S	S	I	M	Y	M
H	E	M	A	T	O	L	O	G	I	S	T	S	C	F	V	B	F	B	N

FOUNDER

TEACHER

LOGS

CHANCELLOR

MISSPENDS

HEMATOLOGISTS

KIND

KING

HALOES

MANTES

REPORTING

PROFESSIONS

MAELSTROM

ENNUI

VIRULENCE

DELINEATION

HOMICIDES

DEFICIENCIES

STANDBYS

HILT

H	I	M	M	H	C	R	G	N	I	M	M	U	L	S	F	E	H	D	Z
U	S	V	D	L	S	K	I	N	F	L	I	N	T	L	B	O	B	E	G
B	X	Y	I	J	O	S	X	H	L	O	N	G	O	O	R	O	A	Z	P
B	D	N	S	E	I	R	A	M	R	I	F	N	I	O	E	O	L	I	F
W	S	N	I	B	B	O	B	R	A	S	S	E	S	K	A	D	S	M	Q
P	C	W	V	T	H	H	N	G	A	T	Q	K	N	E	S	O	J	I	M
A	S	E	I	B	A	L	L	A	W	D	X	P	F	D	T	Z	K	N	O
Q	Q	H	J	S	P	N	I	R	O	L	F	H	P	Z	W	E	I	I	L
F	Y	T	I	P	I	D	N	E	R	E	S	N	K	I	O	N	V	M	E
A	S	T	O	U	N	D	I	N	G	L	Y	L	N	V	R	S	K	P	H
U	I	O	G	Z	Q	S	C	A	L	D	I	N	G	Q	K	E	N	I	I
H	G	M	F	Z	M	P	L	C	O	M	I	T	Y	A	S	Z	Y	G	L
R	N	U	N	O	P	P	O	S	E	D	C	Z	F	N	P	P	C	E	L
P	Q	I	B	A	K	C	Z	D	B	R	N	W	O	R	G	A	Y	A	F
J	J	W	B	U	S	Q	V	N	O	P	U	E	R	E	H	C	X	S	X

BRASSES	DOZENS	SLUMMING
UNOPPOSED	SCALDING	MOLEHILL
BOBBINS	SERENDIPITY	MINIMIZED
WALLABIES	LOOKED	SKINFLINT
BREASTWORK	FLORIN	GROWN
ASTOUNDINGLY	HEREUPON	COMITY
INFIRMARIES	LONG	

L	M	O	D	U	L	A	T	O	R	M	K	N	W	Q	L	S	U	P	X
M	I	B	U	R	T	K	M	F	D	E	P	O	D	A	O	A	R	L	S
Y	P	J	N	X	L	P	E	B	O	M	B	I	N	G	S	E	R	U	T
L	E	D	U	E	Q	P	L	B	K	Z	Q	P	M	C	S	G	O	S	E
L	L	L	Z	V	O	U	B	D	C	X	A	O	N	S	H	A	U	W	S
A	T	R	R	I	A	Z	M	Y	F	W	X	Q	U	T	R	S	N	G	D
I	U	E	O	T	S	L	E	S	G	T	T	R	Q	N	A	D	D	N	N
R	R	T	T	A	M	U	S	E	X	O	I	J	Q	M	B	U	I	I	A
E	N	O	T	E	R	G	K	C	G	Z	D	H	A	O	B	L	N	S	H
T	O	O	E	R	Z	R	R	N	I	G	F	I	C	S	L	L	G	U	T
S	V	H	N	C	H	C	B	N	U	W	J	D	K	A	E	A	N	F	I
I	E	S	N	O	S	D	G	K	O	D	P	K	G	J	R	L	O	D	S
G	R	S	E	R	U	C	H	E	W	C	Z	H	S	N	I	A	T	B	O
A	G	M	S	P	Q	L	D	H	H	A	N	D	C	R	A	F	T	E	D
M	H	O	S	P	H	L	A	V	E	N	D	E	R	S	D	S	F	C	U

PRESSURIZING

OBTAINS

MAGISTERIALLY

PROCREATIVE

MODULATOR

CHEW

FUSING

EMBLEM

DUNK

LAVENDERS

HANDSETS

ROUNDING

BOMBINGS

ROTTENNESS

DOPED

SHOOTER

RABBLE

HANDCRAFTED

TURNOVER

DULL

C	O	P	M	S	E	L	E	C	S	O	S	I	M	F	H	H	W	B	P
O	E	E	S	T	Y	M	Y	R	T	H	S	L	Y	A	R	Y	S	K	K
S	Q	I	O	E	X	C	P	Z	L	M	E	P	D	D	O	G	I	W	T
K	M	E	P	Y	T	E	L	E	T	T	V	G	N	M	Z	K	U	P	Z
A	S	E	M	W	E	B	N	A	I	C	I	T	S	O	N	G	A	I	D
T	I	P	E	Y	S	R	E	M	Y	F	T	T	H	I	M	B	L	E	S
P	V	S	G	S	A	I	L	E	D	E	P	E	E	I	J	T	I	B	Y
A	I	N	A	Z	H	O	U	S	E	M	A	I	D	R	L	C	V	P	U
C	T	I	S	D	P	E	P	S	I	N	C	D	I	S	C	O	V	E	R
I	I	A	P	N	P	Z	H	Q	K	B	J	Z	I	P	E	P	X	U	U
F	S	R	O	L	A	T	N	O	D	O	I	R	E	P	B	U	H	U	L
I	O	T	R	F	E	Z	I	D	I	S	B	U	S	M	F	G	R	C	N
S	P	X	E	E	K	I	M	S	C	A	U	O	V	I	B	C	D	X	A
T	A	Z	I	G	N	O	R	T	H	E	R	N	E	R	S	L	O	T	S
D	Y	K	K	S	X	J	S	E	V	I	T	C	E	J	B	U	S	C	W

ISOSCELES   HOUSEMAID   BIVOUACS

MEGASPORE   SUBSIDIZE   PERIODONTAL

ULNAS   TELETYPE   STYMY

SUBJECTIVES   PEPSIN   CAPTIVES

DISCOVER   THIMBLES   NORTHERNERS

TRAIN   DIAGNOSTICIAN   SAILED

PACIFIST   POSITIVISM

86

T	O	U	X	J	O	S	O	F	A	C	E	T	I	O	U	S	T	P	Q
Z	W	D	H	O	O	K	E	D	F	I	M	M	A	T	U	R	I	T	Y
S	E	E	A	R	N	A	M	E	N	I	L	Q	K	T	A	R	C	E	G
E	N	H	D	E	D	I	V	S	E	V	I	S	S	E	R	P	E	D	A
Z	R	C	N	I	N	H	L	G	C	Q	E	T	C	E	L	G	H	C	P
I	O	R	T	C	B	U	Y	T	J	E	E	O	O	L	J	J	S	P	L
L	L	I	O	N	O	G	I	O	S	I	Q	U	D	R	B	S	S	A	U
A	L	M	W	A	G	M	H	S	C	E	S	T	I	P	U	V	X	S	R
S	M	S	N	F	P	Y	O	T	G	O	H	U	F	J	A	L	N	D	A
A	E	L	S	A	L	R	S	F	T	E	B	H	Y	O	E	E	B	E	L
N	N	O	N	I	C	U	W	S	W	B	V	B	C	K	S	K	N	P	S
B	T	I	Z	A	J	V	M	T	R	K	Z	P	I	R	M	D	L	U	E
G	S	Z	L	D	R	O	B	U	S	T	E	R	A	N	L	W	K	A	W
T	I	L	A	D	V	B	S	I	Z	X	N	O	Z	U	G	V	X	H	U
D	Y	H	Z	L	C	T	I	Y	S	B	C	D	B	O	P	P	Y	S	J

ADJUST

IMMATURITY

COBBING

CODIFY

TOWNS

ENROLLMENT

HOOKED

LINEMAN

SMIRCHED

DEPRESSIVES

LACROSSE

ROBUSTER

PLURALS

FANCIER

FACETIOUS

BLUR

COARSENS

NASALIZES

TIMPANIST

DIZZILY

87

Y	F	I	T	U	A	E	B	A	K	O	Z	C	Z	C	Q	E	Y	A	K
O	N	E	B	V	Q	M	U	N	H	L	T	F	C	R	L	C	L	B	T
I	P	S	X	T	R	M	I	O	F	L	W	D	G	A	K	E	L	H	I
S	R	U	J	A	X	R	K	I	R	I	J	A	M	R	W	S	A	Y	A
L	O	R	D	S	B	E	D	T	O	D	K	E	W	R	C	S	N	N	C
A	S	R	V	I	R	H	A	A	S	A	F	H	P	E	J	I	I	J	T
N	C	E	F	N	E	U	C	Z	T	C	S	J	Z	T	N	O	G	B	U
E	R	P	R	O	P	H	U	I	I	C	E	T	N	C	Y	N	R	C	A
M	I	T	U	G	U	J	B	L	L	E	L	V	S	A	A	S	A	E	L
O	P	I	V	A	T	E	M	A	Y	P	G	W	P	R	Z	N	M	O	I
N	T	T	Y	W	E	J	S	U	Z	J	N	D	G	A	V	I	L	V	Z
E	I	I	P	F	D	R	J	T	R	J	A	D	K	H	B	Y	F	F	I
H	O	O	X	J	E	K	P	C	P	M	T	J	O	C	O	C	I	K	N
P	N	U	B	N	P	Y	N	A	O	E	L	D	N	A	H	N	A	P	G
T	K	S	L	I	T	I	G	A	N	T	W	U	P	E	N	D	I	N	G

PHENOMENAL   HEAD   FEMALE

TANGLES   DEBS   PROSCRIPTION

SURREPTITIOUS   BEAUTIFY   PANHANDLE

REPUTED   ACTUALIZING   CESSIONS

ACTUALIZATION   MARGINALLY   WAGON

CHARACTER   LITIGANT   FROSTILY

UPENDING   PECCADILLO

88

S	K	L	E	G	A	T	E	E	K	S	E	I	F	I	V	I	V	I	Z
R	X	S	M	X	C	O	A	T	E	R	Q	A	W	R	E	C	B	P	A
E	K	U	N	G	U	A	R	D	E	D	E	Z	I	N	U	M	M	I	B
D	L	S	N	O	K	L	C	F	C	N	E	M	O	W	E	S	R	O	H
I	S	E	I	C	A	R	C	O	T	U	A	B	E	G	X	M	X	I	Y
S	R	S	X	H	M	Q	M	T	A	U	T	O	L	O	G	I	C	A	L
T	F	F	X	T	F	L	U	C	V	L	V	R	A	E	B	G	U	B	P
R	A	X	V	Y	N	U	M	J	A	V	N	E	V	O	R	P	N	U	L
I	D	E	T	N	E	D	E	C	E	R	P	N	U	T	Y	S	E	G	U
C	C	X	H	N	T	Y	B	A	I	F	O	O	I	A	R	E	G	J	V
T	B	X	S	E	T	T	A	B	L	E	X	L	K	C	T	X	E	D	V
E	D	E	R	U	T	C	A	F	U	N	A	M	S	C	V	U	A	M	G
D	S	N	S	N	I	A	T	S	D	O	O	L	B	K	I	R	X	N	Y
D	E	D	N	U	O	H	C	Q	Y	W	N	T	Z	L	M	C	S	O	C
S	H	E	D	D	I	N	G	X	P	R	O	C	L	I	V	I	T	Y	W

PROCLIVITY   TAUTOLOGICAL   LEGATEE

BLOODSTAINS   SETTABLE   UNGUARDED

HOUNDED   REDISTRICTED   COATER

CRUXES   VIVIFIES   UNPROVEN

SHEDDING   AUTOCRACIES   CAROLS

IMMUNIZED   BUGBEAR   UNPRECEDENTED

MANUFACTURED   HORSEWOMEN

Z	A	D	F	R	E	E	L	A	N	C	E	R	S	G	Y	H	Y	N	D
M	Q	R	N	O	I	T	A	I	R	A	V	L	T	I	E	Y	Q	E	D
I	M	P	R	E	S	S	E	S	O	T	V	C	A	M	I	F	C	E	I
E	S	K	G	M	D	F	C	N	D	K	O	K	E	L	B	G	S	G	C
F	L	Y	G	E	D	M	I	N	A	N	H	O	L	E	H	A	S	W	T
G	P	C	E	P	B	M	D	U	S	R	H	T	B	T	E	S	U	T	L
Q	B	S	I	F	Q	E	Y	C	S	W	L	G	M	R	R	W	W	O	A
E	D	N	P	T	L	V	I	Y	A	V	I	P	C	C	L	K	X	F	O
N	J	S	X	X	R	E	G	J	B	C	O	L	L	E	G	I	A	T	E
I	R	O	Y	W	N	A	V	I	M	C	K	N	U	D	G	E	S	P	H
A	F	Q	D	T	P	F	P	F	A	S	L	A	Y	A	R	T	R	O	P
W	H	Q	I	R	G	W	B	I	R	E	P	R	O	O	F	C	M	L	N
T	B	O	Y	L	L	I	W	H	T	S	T	E	E	R	A	G	E	E	Z
Q	U	U	P	A	P	E	R	H	A	N	G	E	R	U	M	Z	Q	P	A
S	P	T	R	A	I	P	S	E	D	S	A	Y	E	X	P	E	R	T	A

FREELANCERS   STEERAGE   CREASED

SEEDS   COLLEGIATE   VARIATION

AMBASSADOR   EXPERT   TRAIPSED

REPROOF   ANTIPARTICLE   CONSCIENTIOUS

GIMLET   TWAIN   PORTRAYALS

PAPERHANGER   BLEAT   WILL

IMPRESSES   NUDGES

90

S	Y	A	D	S	C	E	Y	T	E	Q	B	A	C	F	Q	Y	T	X	M
T	R	J	W	D	N	H	K	L	Y	H	U	G	B	U	N	G	L	E	S
E	M	E	C	N	D	T	Q	A	S	N	R	E	R	R	O	W	M	J	I
C	S	M	M	A	B	A	L	N	E	L	G	I	E	E	R	Z	K	S	L
A	E	O	E	S	R	E	V	D	D	U	L	S	P	G	E	E	G	C	A
F	T	C	T	U	A	H	J	W	I	W	A	K	A	E	S	K	N	I	U
Y	A	N	E	O	H	S	R	A	X	N	R	V	S	N	E	Q	I	N	T
Q	R	I	R	H	U	Q	Z	R	O	V	I	D	T	E	R	Q	T	O	C
M	A	L	S	T	D	F	S	D	N	G	Z	X	E	R	V	H	R	C	E
M	P	I	K	M	V	A	P	S	O	D	E	P	D	A	E	B	A	M	L
S	S	G	F	D	F	H	M	F	M	Y	D	O	K	T	S	V	M	Q	L
S	I	N	T	E	R	M	I	N	G	L	E	D	A	I	O	O	S	E	E
H	D	G	Y	H	C	Z	C	Y	S	Q	X	E	R	N	G	M	T	B	T
S	Y	L	B	I	S	N	E	F	E	D	N	I	E	G	G	P	U	X	N
N	H	E	A	U	S	M	M	L	I	A	T	E	V	O	D	V	O	Q	I

INTERMINGLED	LANDWARDS	METERS
BURGLARIZED	MONOXIDES	OUTSMARTING
INDEFENSIBLY	THOUSANDS	INCOME
DAMNS	DOVETAIL	FACETS
DISPARATES	SHEATHE	INTELLECTUALISM
BUNGLE	CONICS	REPASTED
RESERVES	REGENERATING	

R	E	L	I	E	F	S	F	C	A	G	P	W	C	H	I	P	M	S	G
E	N	Q	Y	I	U	B	D	E	N	E	T	H	G	I	L	L	U	Y	E
O	P	S	Q	O	N	V	I	S	C	I	P	O	Y	M	N	A	E	L	W
Y	L	O	R	I	G	I	N	U	Y	C	E	G	U	C	O	T	E	G	L
J	A	Z	Q	E	Q	Q	O	A	O	L	N	Q	A	S	I	I	O	N	J
U	D	E	H	C	U	O	D	N	B	I	Z	R	E	D	T	T	S	I	S
Q	U	R	N	A	I	P	T	A	Z	A	S	X	J	N	A	U	G	N	C
Z	D	P	N	U	V	E	L	I	K	I	C	S	M	A	T	D	O	E	I
V	U	T	X	L	N	L	L	A	C	A	V	U	A	B	S	E	N	T	T
J	U	Y	D	T	Y	A	P	K	V	P	X	L	R	T	E	Y	L	A	E
M	N	F	I	S	U	E	N	A	I	F	V	F	K	S	R	A	H	E	R
H	W	O	V	S	I	E	T	T	Q	S	Q	U	S	I	O	A	A	R	E
U	U	F	I	G	S	E	H	Z	O	A	B	R	M	A	F	G	R	H	H
S	V	V	G	S	D	Y	I	O	E	Z	D	I	E	W	E	K	V	T	M
Y	L	E	B	A	N	N	A	W	O	Z	K	C	N	H	D	N	X	C	D

WAISTBANDS	MARKSMEN	PLATITUDE
SYLLABLE	HERETIC	PITHY
ORIGIN	CONTENTIOUS	DOUCHED
VISUALIZING	MYOPICS	SULFURIC
WANNABE	CARSICKNESS	DEFORESTATION
LIGHTENED	QUANTUM	EXCAVATED
RELIEFS	THREATENINGLY	

92

K	M	I	S	S	P	E	L	L	I	N	G	S	E	T	T	C	W	S	Y
Z	H	G	I	N	L	B	A	W	Q	X	X	E	T	E	R	R	I	Q	T
K	E	W	S	L	L	E	F	J	X	C	D	L	A	H	A	E	M	U	Q
E	P	E	E	P	H	O	L	E	A	Q	J	B	N	C	N	V	Q	S	E
G	P	D	E	H	C	N	E	R	T	N	E	A	O	A	S	A	K	S	L
X	N	B	W	J	Y	O	M	A	G	F	S	W	I	C	F	L	T	S	B
D	G	I	E	W	F	A	Y	V	I	Z	J	E	S	X	O	U	H	A	A
D	U	L	L	Q	F	G	X	H	N	P	N	S	T	R	E	R	F	L
E	N	V	Y	I	R	U	K	C	W	H	F	E	A	C	M	D	X	E	I
N	B	U	O	O	A	M	N	K	S	I	R	R	P	O	J	X	G	G	A
I	S	Z	T	O	B	M	E	G	N	I	Y	N	I	T	U	M	N	U	S
U	D	H	B	K	Z	A	E	I	H	L	F	O	N	M	N	I	I	A	S
R	E	K	C	D	L	G	T	C	C	V	J	N	T	Q	Z	C	K	R	A
D	V	F	Q	Y	G	E	V	Z	O	T	U	R	J	R	W	A	A	D	N
Q	S	N	H	Y	F	A	P	G	N	I	T	O	N	E	D	N	L	S	U

ENTRENCHED	REVALUED	CACHET
LAKING	RUINED	SAFEGUARDS
NONRENEWABLE	FROTHED	FINITE
DENOTING	ZOO	UNASSAILABLE
FELLS	MISSPELLINGS	MUTINYING
PEEPHOLE	PASSIONATE	EMAILING
NIGH	TRANSFORM	

```
Y T E N A C I T Y C Q S E C N A T T I P
G U A N S Q D I V U L G I N G S Q U S N
O N N N F Z D Z M Q Y A G J J N M L E A
L S U B E L K C I S T I J Z C O F V Z R
O A V V Y F L E R V N A Y I E I U I I C
T T E W Y S T R E K E E S G N T D K L I
A I R V C Y T I C I L B U P T A V K A S
M S T Q E F M Y I G U I R J R R S B R S
R F E S P A R T S T O O B X I O E N O U
E A B I S W A C A M Z D N G F L N L M S
D C R A R D Y D A O C V V A U O I T E E
D T A V I V I S E C T I O N G C R V D S
V O T Z L J R E I N S T A T E S A O S R
N R E L V A G A B O N D E D R I M M X V
F Y C O N N I V A N C E Y E G D H W K J
```

BOOTSTRAPS

SEEKER

PITTANCES

MACAWS

PUBLICITY

NARCISSUSES

VAGABONDED

MARINES

VIVISECTION

DEMORALIZES

DISCOLORATIONS

REINSTATES

CONNIVANCE

UNSATISFACTORY

CENTRIFUGE

SICKLE

VERTEBRATE

DIVULGING

DERMATOLOGY

TENACITY

94

L	I	C	E	B	R	E	A	K	E	R	Z	M	D	I	U	C	P	W	J
N	G	P	H	O	T	O	S	Y	N	T	H	E	S	I	S	E	O	D	P
P	G	O	U	E	C	S	I	S	Y	L	O	R	T	C	E	L	E	Z	N
Y	O	V	X	T	L	G	D	O	D	A	O	Y	L	J	J	X	O	N	Y
C	Y	E	B	S	A	N	W	Y	O	W	M	K	U	F	O	V	U	N	S
N	T	R	Z	T	Y	I	E	L	N	L	V	V	C	N	U	S	L	S	V
E	E	A	Y	H	I	O	T	L	Z	I	G	D	E	L	M	K	A	Q	S
I	L	C	Q	G	E	C	A	A	Q	F	X	P	E	C	B	N	E	D	N
C	E	H	O	I	S	C	P	G	O	G	G	L	E	T	Q	A	H	O	L
I	P	I	A	F	T	U	L	E	O	A	C	T	I	V	I	T	I	E	S
F	H	E	O	N	V	T	U	L	A	N	G	F	X	O	O	S	G	H	Q
F	O	V	T	U	O	S	C	E	G	N	I	K	C	E	H	C	U	C	J
E	N	E	I	G	N	F	X	S	B	P	E	R	U	S	A	L	J	H	E
N	I	S	H	F	J	A	E	R	S	E	Y	C	O	L	L	I	E	L	V
I	C	S	D	S	N	O	I	T	A	N	G	I	S	E	D	J	Z	Z	B

COLLIE

PHOTOSYNTHESIS

TELEPHONIC

OVERACHIEVES

DESIGNATIONS

GUNFIGHTS

CLAYIEST

PERUSAL

STANKS

EXCULPATE

ICEBREAKER

ELECTROLYSIS

OVULE

GOGGLE

LEGALLY

CHECKING

STUCCOING

INEFFICIENCY

ACTIVITIES

DOES

B	M	L	A	D	I	C	I	G	N	U	F	F	H	J	K	H	S	M	Q
S	G	C	X	W	J	D	G	I	J	O	G	N	I	H	C	T	E	K	S
E	A	G	D	I	C	N	E	Z	J	S	O	L	E	C	I	S	M	S	L
Q	G	S	V	M	O	M	P	O	S	Z	T	J	E	F	A	C	T	C	I
U	N	T	O	Y	V	S	K	C	I	T	S	P	O	H	C	I	S	R	G
E	A	E	P	M	E	D	F	Y	S	H	E	Q	R	B	S	N	T	X	H
S	V	A	J	M	N	G	W	S	N	T	D	E	K	Y	T	H	N	L	T
T	R	D	D	O	A	N	U	E	O	N	E	J	E	J	L	C	E	T	E
E	B	I	D	M	N	I	J	V	T	U	H	Y	S	E	U	E	M	P	N
R	R	E	N	P	T	L	N	R	T	S	C	V	E	D	C	T	H	H	N
I	W	R	U	P	S	E	E	E	E	L	T	K	O	Q	X	O	C	Q	M
N	K	A	P	E	V	E	T	N	D	I	E	Q	W	K	W	R	A	N	G
G	Z	W	F	D	G	F	F	N	M	O	R	I	G	Z	D	Y	T	U	F
G	P	O	U	A	E	D	O	U	H	F	W	A	Y	S	G	P	T	T	H
Q	C	T	Z	L	H	V	S	E	V	Z	I	W	H	C	H	J	A	M	H

FEELING   COVENANTS   FOILS

SOLECISMS   MOMMY   LIGHTEN

CHOPSTICKS   WRETCHEDEST   KEEL

STEADIER   SKETCHING   CULTS

SEQUESTERING   FUNGICIDAL   ATTACHMENTS

PYROTECHNIC   SNOTTED   UNNERVES

PEDAL   SOFTEN

96

E	C	N	O	C	S	X	X	Z	U	S	T	T	P	E	A	C	H	E	S
X	T	T	B	W	S	T	N	E	M	I	R	T	U	N	M	J	X	G	S
D	T	R	K	E	K	C	O	N	S	T	R	I	C	T	I	N	G	N	E
D	V	R	U	Z	A	B	Y	C	R	W	O	G	G	F	Y	T	Q	I	V
G	P	S	H	S	V	C	S	M	F	T	U	P	Z	J	M	C	N	H	E
V	B	E	B	E	T	U	H	M	M	G	A	O	T	K	C	W	Y	C	L
W	D	S	V	U	N	E	N	I	N	R	N	U	Y	I	C	V	C	U	C
H	S	S	V	Y	L	C	E	R	N	X	N	Y	L	B	O	X	Z	O	S
R	M	A	L	Z	D	L	I	S	B	G	O	E	E	L	T	N	M	R	E
N	I	R	C	V	A	M	O	R	L	W	U	W	G	J	J	G	G	G	L
I	W	A	P	Y	K	H	K	C	C	N	N	F	A	W	U	O	I	M	U
N	S	H	O	D	F	M	W	Z	K	L	C	U	V	I	B	Y	I	P	D
O	T	R	H	V	D	E	S	E	R	T	E	D	A	K	B	V	N	I	O
O	V	Q	R	B	A	S	S	N	Z	P	R	Z	S	X	E	P	H	H	M
J	G	K	Z	J	P	X	E	K	S	T	I	M	R	E	H	G	W	O	D

ROYAL

GROUCHING

SCONCE

NUTRIMENTS

TRUSTEES

HIP

CLEVES

SAVAGELY

BEACHING

ANNOUNCER

HARASSES

BULLOCK

MODULES

ENCIRCLE

PEACHES

HERMITS

SWIMS

OPTION

DESERTED

CONSTRICTING

S	V	B	N	A	B	R	U	R	E	T	N	I	Q	P	Q	N	B	B	I
M	D	S	W	E	L	T	E	R	E	D	N	W	V	S	P	E	Y	T	W
S	E	G	Y	Z	S	A	J	L	Z	L	D	D	N	W	W	D	P	C	G
N	R	S	B	S	E	R	C	I	G	E	R	T	J	O	M	A	V	R	N
O	E	D	D	K	P	B	M	I	L	P	S	I	Z	B	D	H	S	Q	I
I	W	W	E	P	T	O	X	L	H	C	A	J	K	C	F	N	K	U	N
T	S	A	M	M	A	D	E	F	F	P	I	P	T	K	U	E	C	I	O
U	N	R	I	V	D	P	A	D	H	R	A	S	Y	C	D	M	O	C	S
T	A	F	R	W	O	J	N	N	E	A	T	R	N	R	O	J	H	K	I
I	Q	U	P	R	O	X	N	Y	R	P	C	M	G	I	U	V	C	N	O
T	H	X	P	E	M	G	G	M	J	G	R	C	G	O	R	S	P	E	P
S	G	J	S	B	H	Z	O	A	S	E	J	I	W	Q	P	T	N	S	V
N	V	T	R	A	P	R	E	T	N	U	O	C	V	I	R	O	X	S	H
O	R	E	T	S	E	M	I	R	T	G	M	R	I	E	I	S	T	E	J
C	N	P	W	R	G	N	I	Z	I	L	O	B	M	Y	S	Q	A	G	L

SEA	PAPYRUS	CHOCKS
MENHADEN	PROPELLED	SWELTERED
SEPTA	ARMORER	COUNTERPART
TOPOGRAPHICAL	EXTRINSIC	QUICKNESS
INTERURBAN	PRIMED	SYMBOLIZING
ANSWERED	TRIMESTER	CONSTITUTIONS
DEPRIVES	DWARF	

S	F	S	J	R	H	L	J	C	E	G	H	O	M	E	O	W	N	E	R
E	G	L	T	H	R	I	F	T	I	N	E	S	S	C	L	P	V	E	D
L	D	L	H	T	S	H	C	U	N	U	E	M	O	U	E	I	D	E	S
L	G	I	T	W	F	Y	A	W	E	U	C	M	F	T	T	E	F	B	Q
E	N	R	M	C	B	C	M	T	T	F	S	E	I	E	R	E	F	Q	R
S	I	G	E	F	J	A	P	E	I	L	N	D	L	E	I	I	D	X	Q
I	R	E	H	I	Y	Z	A	K	V	U	N	P	D	H	C	Q	G	Q	D
O	E	Z	P	T	Z	N	I	B	T	O	X	N	C	K	O	N	U	I	B
M	D	E	B	R	Z	P	G	W	C	E	E	S	A	M	R	D	Y	T	V
E	N	E	U	H	S	E	N	E	T	V	I	J	K	H	E	A	P	S	P
D	A	H	O	K	O	B	R	B	A	M	S	N	E	H	G	U	O	R	Q
S	P	W	P	A	Q	M	G	L	A	U	P	R	A	R	E	D	I	F	H
E	G	Z	U	Y	C	E	Y	D	E	R	U	G	I	F	N	O	C	E	R
M	P	N	N	O	I	T	A	R	C	E	S	N	O	C	E	W	X	E	V
W	Q	E	D	E	U	R	A	Q	J	S	E	A	L	S	K	I	N	Z	V

MESDEMOISELLES	TUNEFUL	GRILLS
HOMEOWNER	SEALSKIN	LAVENDERED
ROUGHENS	HEAPS	EUNUCHS
RECONDITE	CONSECRATION	PANDERING
WHEEZE	HOMY	RARE
MISCHIEFED	CAMPAIGN	THRIFTINESS
EXPLETIVE	RECONFIGURED	

N	N	O	R	P	H	E	Z	I	L	A	I	C	O	S	C	F	D	R	M
Y	Q	W	A	L	U	U	N	M	E	M	O	R	A	B	L	E	E	V	E
N	R	W	P	Y	G	S	E	N	O	T	S	T	E	H	W	S	J	T	D
S	N	O	I	L	L	U	C	S	V	Y	X	I	N	G	T	L	S	T	I
Y	P	L	M	Z	N	B	U	S	A	G	A	S	N	O	C	E	P	R	C
H	R	U	S	F	P	S	K	Q	Y	U	E	I	R	H	I	W	Y	D	F
M	O	F	G	G	D	L	T	S	R	Y	G	E	A	D	O	T	E	J	A
E	O	F	K	N	A	Y	A	T	A	N	R	P	I	K	C	K	F	H	D
M	F	O	E	I	F	E	G	B	I	S	P	T	N	R	C	P	S	R	S
O	R	P	B	C	T	N	N	H	O	Y	M	H	U	I	G	K	X	B	A
R	E	J	X	I	H	S	N	I	S	R	B	A	L	I	R	F	K	H	M
I	A	J	S	O	E	U	F	T	H	T	E	F	O	A	U	T	X	B	B
E	D	S	Z	J	F	N	L	E	H	C	Z	R	H	R	B	U	Y	S	A
S	C	F	R	E	T	V	Z	B	E	M	A	S	S	P	C	F	Y	V	S
Z	D	Z	J	R	X	V	G	T	K	T	O	M	Y	N	X	T	L	S	Z

HAPPY	TIDIEST	UNHINGING
ROAMS	SOCIALIZE	UNMEMORABLE
REJOICING	PROOFREAD	SAMBAS
MEDIC	SCULLIONS	FLICKED
RESTORER	MACHINE	WHETSTONES
SAGAS	SHARKS	MEMORIES
LABORERS	THEFT	

G	A	R	O	T	A	L	U	M	E	E	R	O	V	I	B	R	E	H	E
C	W	I	T	H	E	R	L	R	E	V	R	X	C	J	V	Y	S	O	L
V	W	B	E	N	I	L	E	D	I	U	G	T	B	H	B	C	S	R	I
V	W	A	S	H	Z	F	N	L	P	V	I	O	O	L	I	T	J	R	V
S	S	T	S	V	Z	B	F	U	U	M	D	P	U	Y	E	L	E	P	P
W	N	T	E	R	Z	W	Z	G	X	W	K	D	E	N	A	D	I	R	S
O	O	E	L	K	H	J	T	D	F	D	G	T	O	C	I	G	O	E	W
R	I	N	R	P	U	G	O	W	O	E	T	G	C	S	E	P	I	R	S
B	T	S	E	Y	H	P	O	W	O	N	R	E	C	C	R	G	G	Y	R
W	A	H	H	G	R	M	I	N	A	A	D	O	L	I	G	I	Y	M	E
O	G	J	T	Y	N	N	S	M	P	I	V	I	E	U	P	I	C	O	Q
L	E	T	A	X	C	S	D	H	N	E	P	T	B	I	U	K	K	Z	L
M	L	F	F	I	X	N	Y	G	R	T	A	D	O	W	A	K	B	V	Z
M	L	G	N	X	A	X	D	E	I	R	Q	X	P	J	Y	L	P	J	Q
W	A	G	R	S	N	Q	D	C	Y	X	G	N	I	K	S	I	R	X	W

ACCEDING

SANDMAN

BATTENS

EMULATOR

REDISCOVERED

WITHER

BLUDGEONS

LOWBROWS

FATHERLESS

CHILIES

RISKING

WINCING

GUIDELINE

BUGGIES

ECLIPTIC

ALLEGATIONS

HERBIVORE

PROPRIETARY

VILE

STENOGRAPHY

101

U	M	B	L	R	E	D	R	E	S	S	E	D	Z	X	K	V	E	P	S
M	N	Q	P	R	R	T	P	F	D	B	L	I	S	H	U	E	S	R	T
S	Z	X	T	E	B	T	G	E	O	H	D	E	S	F	S	Q	T	O	E
I	Z	L	K	Z	T	N	R	W	E	E	V	R	E	S	P	D	X	T	A
L	Y	Y	Q	H	E	R	L	X	T	A	E	Y	E	N	S	T	Q	O	D
A	L	N	Q	I	A	E	C	B	E	P	Z	L	T	E	I	O	Y	N	I
N	I	O	S	C	R	K	U	L	P	B	H	N	W	E	S	D	X	E	N
O	N	S	S	D	O	R	I	Q	T	O	E	U	Q	F	H	T	L	E
I	N	P	H	L	D	E	Z	J	R	D	R	W	A	D	V	I	S	E	S
T	A	U	B	D	T	C	O	O	C	A	F	F	X	F	A	X	Z	X	S
A	C	R	K	N	L	Z	W	T	G	N	R	J	D	C	K	F	W	R	J
R	M	D	I	O	K	N	G	E	L	A	P	I	B	X	K	Q	O	Q	I
H	P	E	D	I	A	T	R	I	C	V	T	E	V	L	Q	Q	F	L	X
B	E	T	A	R	E	D	E	F	N	O	C	R	J	F	O	W	L	B	M
M	S	E	G	D	E	L	S	A	S	S	U	A	G	E	D	M	R	F	K

DOUBTED

WORTHLESS

STEADINESS

ADVISES

DINE

SEWERAGE

CANNILY

INTERLEAVES

CONFEDERATE

BOWLERS

RATIONALISM

PROTON

PET

SLEDGES

PEDIATRIC

ASSUAGED

GNEISS

ZIPPERS

SCARRED

REDRESSED

1

FRAPPES
DISLOYAL
ORDAINS
FUN
HYDROTHERAPY
DOGMATIC
RENOVATORS
ADJUSTERS
SWINGING
RESURFACING
COMMERCIALS
HAIR
OKAY
LURING
SORTIED
STATELIEST
MISPRONOUNCES
SUGGESTING
PAWNING
INITIATIVE

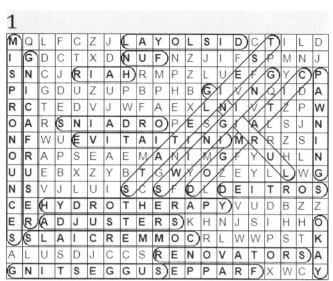

2

SUBORN
TELEVISES
RAPPERS
LINE
TIRELESSNESS
GLOBE
RETENTIVE
MATURED
LINEAMENTS
TURTLENECK
SINGING
REFORMATORIES
OPERATOR
FA
SPAWNED
ABBREVIATIONS
GERM
HOSTESSING
COMMISSAR
ARMADAS

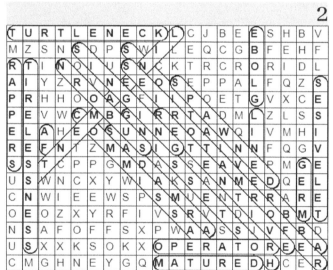

3

CHANCEL
ALBACORES
DAVENPORTS
MOURNFULLEST
ROMANTICIZING
STEWARDS
PERPENDICULARS
INGOTS
CUDGEL
GRAVELS
PRINTOUT
LUGGING
PARE
FESTIVITY
UNGAINLY
MIDGET
DIGNITARIES
HEADBOARDS
PHOTOJOURNALIST
SENSITIZING

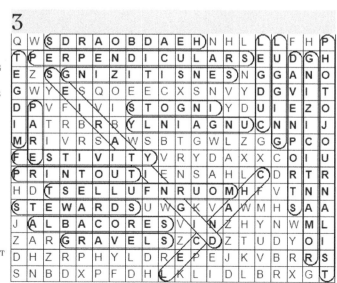

4

TASKMASTER
MANTLE
PROTOZOAN
ORIOLE
HAILSTONE
UNPLUGGING
STAR
SEWER
FLOPPIES
GUZZLE
STREPTOCOCCAL
EIGHTS
PLUS
GLIMMERINGS
LAPS
ANTHERS
BUGLES
CALLOUSES
INQUESTS
NIP

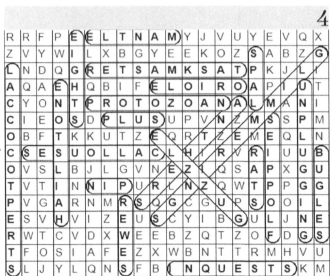

5

LOUVER
AFFLUENTLY
REIMBURSE
DELETED
TRUCKLOADS
SPINNER
RESOLUTE
EXPRESSIONLESS
SMOOTHES
WEATHERIZES
PURPOSEFULLY
GISMOS
STONEWORK
DESALINATING
SPIRAL
ELLS
EFFLUENT
LANDSCAPED
STRENGTHEN
PRATFALLS

6

HERALD
GLOSSIES
TOPPED
SANDAL
COMPLICES
OVERBURDEN
PAUSES
TELETYPEWRITERS
POWDER
ISOMORPHIC
ENEMA
CUSTARD
STREAK
LACES
DIGESTING
SUAVELY
AVAST
SHIRKING
DISASSEMBLE
MASKING

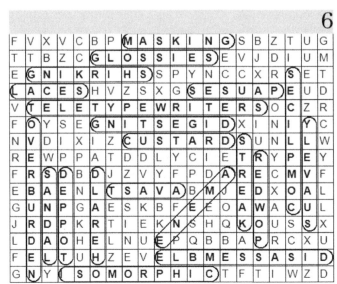

BLACKJACKS
SPLENETIC
PAGAN
PUNCH
ELEMENT
SIGNIFICANT
VET
WHAT
AUKS
CONTRIBUTE
GRUELING
BRINGING
LUSTS
BUFFALOED
HUMMER
LESSENED
APOCALYPSES
CHOPPERED
COVETOUS
PLEAT

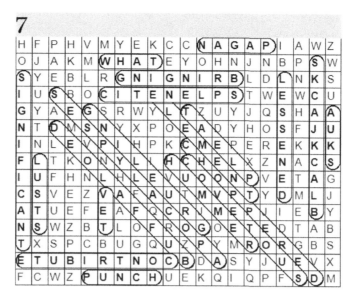

ROUGHHOUSE
ORGANICS
COLORATION
BUGLE
TARRAGON
SCRIBE
MYSTIQUE
ZINGERS
PERCEPTIVENESS
OLEANDERS
CRIMINOLOGY
CONGREGATING
LADDIES
AMOUNT
RACER
HOMESICK
HATCH
AFFOREST
CONSULATES
DUELISTS

SNOBBISH
ALLOTS
GLADDEN
PEACEABLY
IMPORTUNATED
UMBRELLA
CAUTIOUSLY
FLUID
CAROLING
STIMULATE
CADETS
ROT
SUBGROUP
ASSIGNMENTS
BILINGUALS
CHAPARRAL
ZITHER
DISPROVING
HOMBURGS
REDUPLICATION

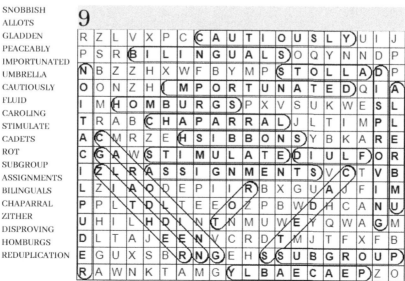

SKILLFUL
ACQUAINTANCE
SWITCHBOARDS
LOOFAH
REFASHION
FLOWERIEST
FOIBLE
FUTURES
SOURSOP
ASSURED
PORT
LUCRATIVELY
REGULAR
CHEST
BRIEFLY
CABOODLE
CLEFTED
BRAZENS
POPGUNS
MOLLUSKS

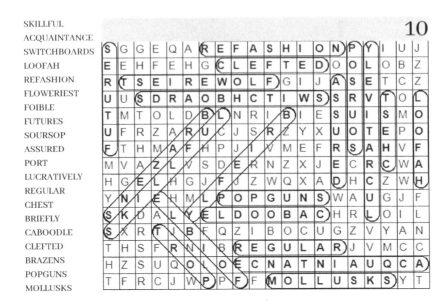

FRESCOES
DISARRAYS
OVUM
SIDING
CORRECTED
TUMBLED
PALISADES
SCENICALLY
SANG
FIDUCIARIES
NINETEENTH
ADULT
PAPYRI
DODO
CELLING
OUTPUTTING
DULCIMER
EQUATE
HOMONYMS
CINEMATOGRAPHERS

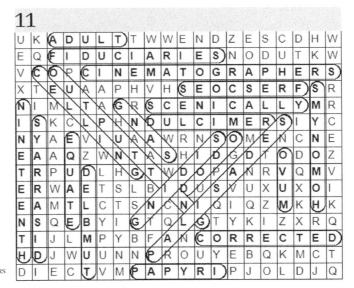

SENSATIONALISM
BAH
SEQUENCE
OVERWRITE
AFFILIATES
PILLAGES
BETTORS
FLESHED
PLACEMENT
FLOURISHES
ACETYLENE
DEGREE
PLAGIARISTS
REGALES
SCIENCES
INTERDEPENDENCE
ELAPSED
SANCTIFIES
EXCESSIVELY
YIPPED

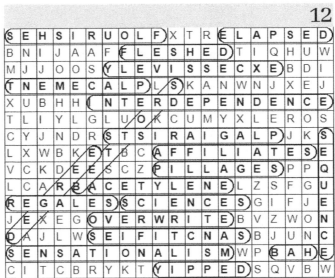

108

PLAYROOMS
ACQUITTED
RECOIL
RIPCORD
DISCOURTEOUSLY
BOLTING
FRAMER
INHALANTS
DISCONCERTED
EXPRESSES
QUADRUPED
POLITICIZED
SNAPPIER
ATTAINMENTS
SNOWSHOES
MANGLING
ROOMFUL
EXCRESCENCES
OVERESTIMATES
NEWEST

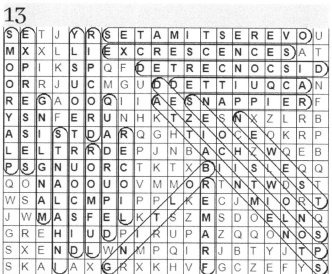

KALEIDOSCOPE
CONFERMENT
NAMELY
INNOVATOR
TALONS
CHEERLESS
BOBWHITE
SOCIETAL
FETUSES
IMPATIENT
MIX
DEPOSITOR
PATRIARCH
DEBRIEF
FLASHING
SCENARIOS
MAHOGANY
CONVULSES
MILLRACE
MUNITION

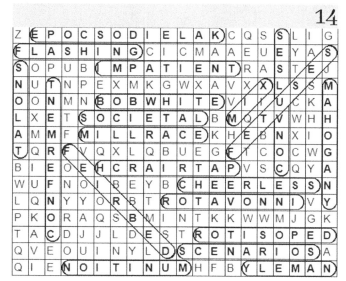

SOLEMN
PALED
DEFINITIVELY
GRUNGIER
SOFTENER
SLOPED
ILLEGITIMATE
SHUFFLEBOARD
CANONIZED
PLANTED
EXPLORER
KNOCKED
PANDA
CENTERFOLD
SENSIBILITIES
UNBIND
ANTIQUED
ALIGNED
DRAPING
SNORKELED

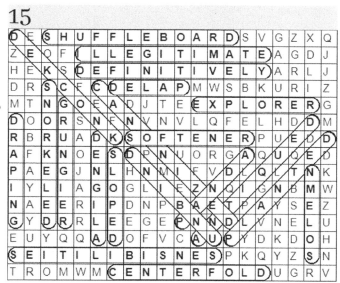

16

SCULPTURAL
PARTICIPATION
SKYDIVERS
TRANSITIONS
PONDS
HORSES
FUNNILY
STORMILY
PERITONEA
DESTINES
RAGLAN
INCLOSING
FAVOUR
HORSEWHIPPING
ADAMANTLY
BRAD
HARRYING
LIQUIDATIONS
UNMAKES
SHIMMERY

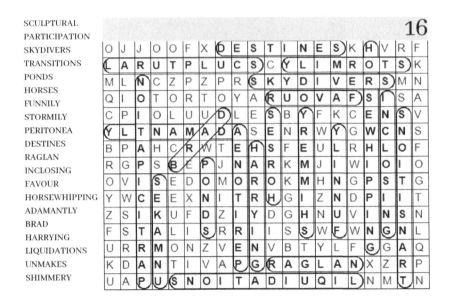

17

GAGED
MOCKED
TORRENT
MASTHEADS
BEAUTIFULLY
TALLEST
NAIVELY
ORDERED
PROFITS
OBVIOUS
TWIGGIER
AH
GRADE
PEDIGREES
MIRTH
COMPUTE
MULLAHS
BUDGED
GEEZER
DECORATIVE

18

HOUSEMAIDS
WINGSPREADS
SPECULATES
TOOTED
TREATISES
BLOBS
TYPOGRAPHIC
BLUEPRINTING
APPLIES
INAUGURATED
INFILTRATOR
ZOOLOGIST
GENRE
PROBABLY
UNPARALLELED
SPOONFUL
MOTTLING
KILNED
SMIRCHING
MOTHBALLED

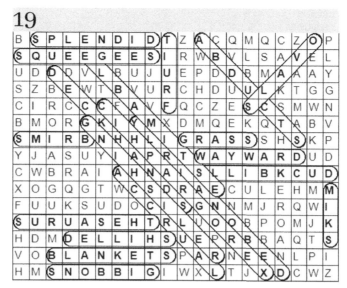

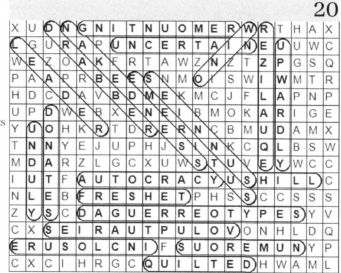

GREATER
ETERNITIES
GEM
BALLAST
TRILLIONTH
SPOTTIER
BASHFUL
PRESIDING
JOUST
SENTIMENTALISTS
REARRANGES
TATTOO
TEED
CARPENTER
CONGRESSWOMAN
TREATING
BREDES
SNAKES
GOING
DISINTEGRATED

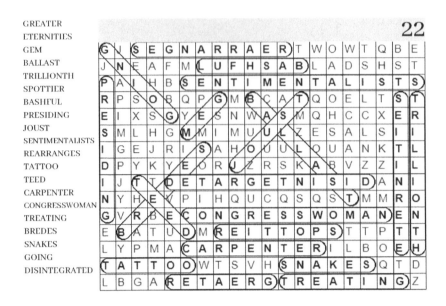

22

LANGUISHING
ADMINISTERING
ENERGETIC
BLUING
FUGITIVE
HELM
CLOBBERS
GARNET
NATURALIZE
ROADRUNNER
DENIES
AUGMENT
ESPOUSING
COUNTERPOINT
ILLUSORY
CHAPPING
EXTIRPATES
EMULATORS
MISCHIEVOUSNESS
SHAKER

23

DECLARE
BUTTONHOLE
RAPE
QUARANTINES
COLOUR
NIGHTCLOTHES
SENSITIVES
ALLOTTED
FAWNED
CREELS
CRANKER
SKEINING
MANHANDLED
FOREORDAINED
HOLISTIC
SPINY
REFOREST
SUBJUGATED
GOURDS
PAWS

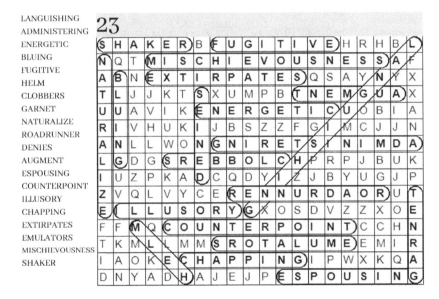

24

CHOKING
LETUP
COUPONS
TAG
HEADLINING
SPIGOT
QUERY
RAWHIDE
FOSSILIZED
SPINDLED
THRESHED
NOVELISTS
SUBDUES
INTELLIGENCE
CONCORDANCE
CHATTERERS
LONGITUDE
TEXTILE
FLOODLIT
SUBSET

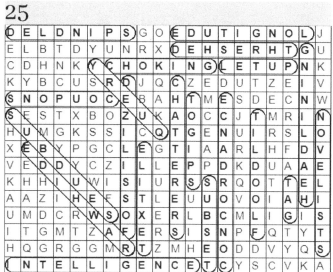

SEGREGATES
UNION
NEGLIGEE
BRAWL
UNDEREMPLOYED
BULLETPROOFS
PENURIOUS
SMIRCH
TWADDLES
EUPHEMISM
VETCH
HEFTING
PEACEFULLEST
MUFFLED
VIGOR
ROUNDEST
CLIMBING
INDUCTING
SCHMUCKS
APOLOGETICS

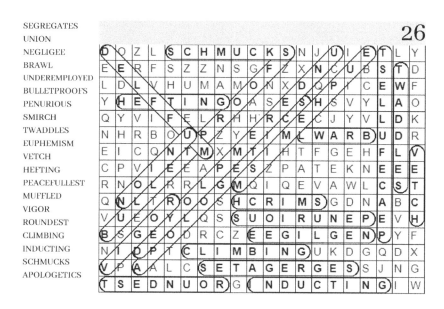

REGURGITATING
LEEKS
GOBBLERS
DUNNER
ARKS
FEARFULNESS
TWIST
SOCIALISTS
EXPERTNESS
DELIRIUMS
DROVE
FLATTENS
BLUNDERING
HARDINESS
GIDDINESS
CONCOCTIONS
MAJORITIES
TANKARD
NEUTRALIZING
COMMISERATION

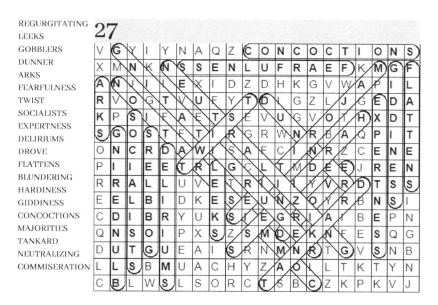

ELOQUENTLY
NUDEST
BREADBASKET
CLEANUPS
LARYNXES
ALFALFA
CLENCHES
OUTTAKE
BRAKED
FIREBREAK
METACARPI
CARPETBAGS
REFORMATTED
BLEST
DIGITALLY
DENOUNCING
SYLPHS
INTERACTED
ASSETS
BEDSORE

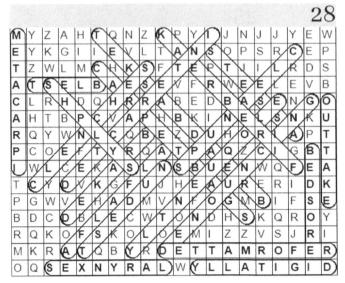

TUB
SUCTIONED
GUNSMITH
TURBINE
CABALS
HEXED
CRUMPLED
FISHY
FRIVOLITIES
SALTS
FORTUNATE
ALLEVIATE
CONGRATULATE
LEASHING
PLAY
APPALL
MISSILES
SOPHOMORES
REPRINT
ARCHWAY

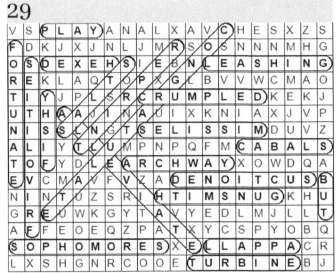

29

BRANDIED
EXECUTRICES
CHEATS
CALIPERING
WOMANIZE
STEPFATHERS
JUSTER
ELIXIR
TAKERS
WEAKLING
BUSYWORK
BANTERS
TIMESCALE
EPILOGUED
SHRIMPED
CONSUMMATE
MISTRUSTED
CREDENZA
SNOWBALLING
PITCHING

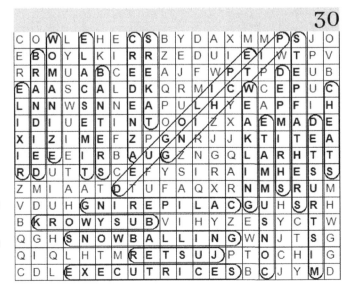

31

SWEETENED
BANKROLL
LUMBERYARD
HICCUPS
EPIGLOTTISES
REFRESHER
SLANDEROUS
BOBCATS
DRUBBED
FIT
CAHOOTS
SCOUTMASTERS
REPRESENTATIONAL
CRICKS
CRUDDIER
UNNATURAL
HEATHS
BARENESS
MULTICULTURAL
FOGGIER

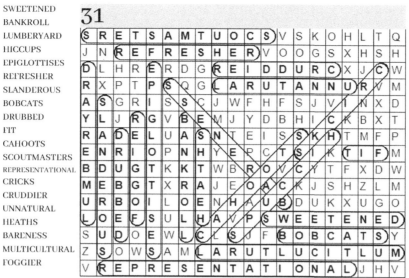

GARNETS
GENUS
DIETARY
BACKPEDALLING
GROSSNESS
VANDALISM
DAUNTS
BROUHAHA
SOL
ADROITLY
LINGUAL
DESCENDER
LARVAS
FORECAST
NOURISHES
TYPESETTING
ROTTED
UNPAVED
TREMULOUS
AMIDST

32

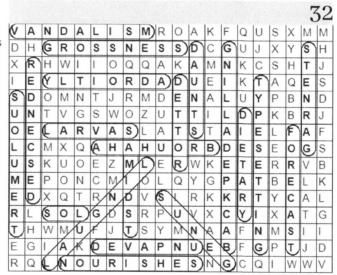

HOMOGENEOUSLY
BROWS
CAULDRONS
BRAINWASHES
SAVES
PARCELED
TANGIBLE
TASTELESS
TROMBONISTS
SPECIFYING
SHORTCHANGED
BROOD
EXTRANEOUSLY
SEEPING
CHARGING
DOSAGE
PASSENGER
MILEAGES
OUTCROPS
OVERLORD

33

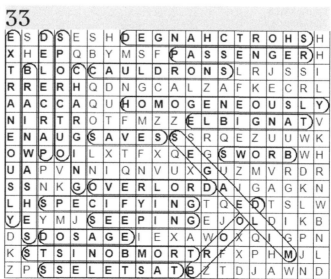

115

34

EXPANSE
UNACCOUNTABLE
FORSWORE
FORMALIZES
ABRUPTER
CELEBRITY
VORTICES
HOLING
INHALING
TEARY
MILEPOST
INTELLIGIBLE
ISLANDERS
AQUANAUTS
FRIEZES
RAILS
HOLDUP
GIMPIEST
CONTRACTION
PROMENADED

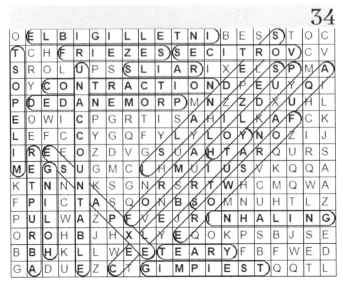

35

OMEGA
TRANSPORTER
ING
EXTOLLING
EXPECTANT
DEPLANES
SNIVELS
POTLUCKS
COMFORTERS
REDISTRIBUTE
MEMBRANE
JAMMED
SKEW
ENNOBLE
SCHOLARSHIPS
REEVALUATES
SLANDER
PREWAR
HOMELIER
WATERCOURSE

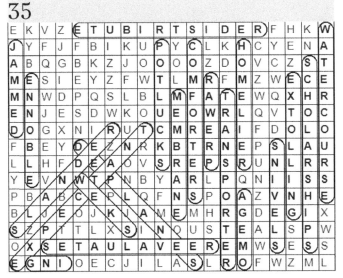

36

UNDERPLAYED
REMARKING
EXPLORES
FLUMMOXED
FORTNIGHTS
GELLING
FELLING
MEREST
ROCKS
RETHINKS
DISPEL
CULOTTES
INSULATION
SLOPPILY
RESERVEDLY
AGRONOMISTS
GRINDSTONES
GARRET
GRIPPED
ADVERB

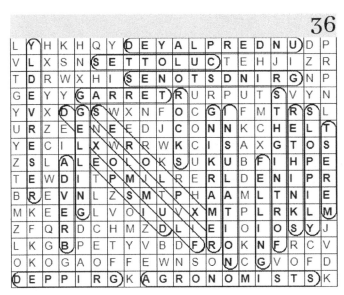

37

SPIRALED
MANTEL
MITIGATING
INTEGRATES
KIDDIES
EXPONENTIATION
INESS
PATTING
VELD
ADVENTURESS
EVIDENT
CLIQUISH
POLARITY
MOTHBALLS
EXPOSITION
SNOUTS
DISCOURAGEMENTS
COGNIZANT
TALKING
DISBARS

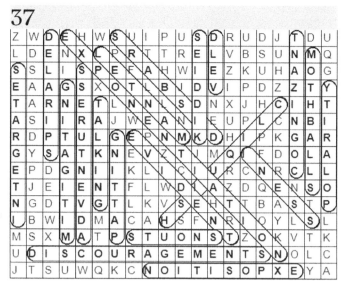

38

READERSHIPS
COMMINGLING
TONGUE
ESCALATION
QUOITING
ARROWHEAD
SUFFRAGIST
PERTINENTS
COLLECTIBLES
REED
INFLAMMATION
NARROWING
INFIELDERS
DECLASSIFYING
PROTESTED
PIROUETTES
CRICKETERS
CONNECT
CONDENSING
APPELLANT

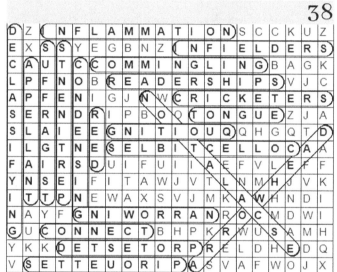

39

FREQUENCIES
PUSHUPS
DELPHINIUMS
REDEVELOPING
OWLS
POSTERIORS
PECCARIES
SKY
STIGMA
COUNTERACT
ILLUSTRATIONS
IMPROBABLY
SLUMS
EMETIC
HANDCUFFED
DECADE
FARCES
BANISTERS
STACK
ELECTRICALLY

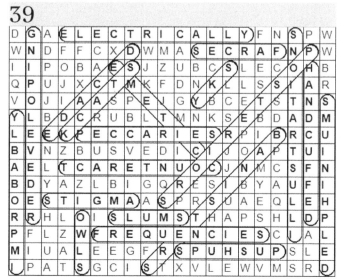

TRANSGRESSOR
STAVED
PHLOEM
BRASS
CATALYZING
CURTSYING
CLANG
MAGNITUDE
ALIGNS
PULLEY
CASES
SOCKETS
IMBUED
DELICATESSENS
PREDETERMINE
SIEVING
TOWNHOUSE
KNELLS
TURRETS
REVS

40

DISMISS
GODSONS
ATTENDED
SPRIGHTLY
PARISHIONERS
SIRLOINS
US
NEUTRAL
PIPS
VENOMOUSLY
SCREECHING
ASTERISKED
PRETENDS
CONFLICT
APPURTENANCES
INVESTS
SPINOFF
SHIVERS
ATTACHED
TOLLS

41

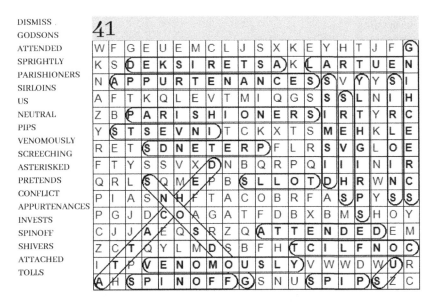

BOOTLESS
WANTING
MAXWELL
GAUDIER
ACOUSTIC
WAXWORKS
HIKES
DY
CYCLONE
SOCIOLOGY
SLACKLY
AMANUENSIS
BROODING
FORECLOSING
BILLIARDS
BUCKBOARD
OVERNIGHT
WRIED
ROPE
CELLISTS

42

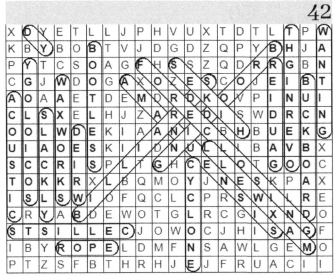

43

ADVERSE
ADDITIVE
DISCUSSANTS
CLAMOR
PHONIC
SLICKING
ODYSSEYS
UNBREAKABLE
CRIMPING
ELIGIBILITY
SUREST
WEAPONLESS
PLATED
STEWARDED
SYMMETRICALLY
JOHNS
CURFEWS
MOMMA
PORCELAIN
OWLISH

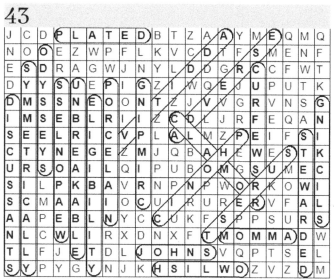

44

KANGAROO
REDOING
ACCOMMODATIONS
LEGALIZED
JOLTING
CENTS
EMULSION
LICENTIOUS
ASTRONOMERS
GRISTLE
UNDERFOOT
KOOKIER
PROSE
HORSETAILS
RHYTHMICALLY
ALOE
HEALING
TRUSTEE
IMPRESARIOS
TOUPEE

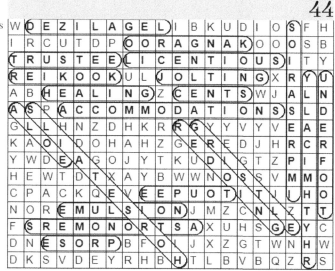

45

TUCKS
CRUSHING
EXECUTING
PRIMROSED
WARRANTED
MONICKER
SPENDTHRIFT
ASHAMEDLY
PERSON
GRACELESSNESS
TREADMILL
BAGATELLE
CATAMARANS
PREPOSITIONING
TENABLE
CONTRAIL
HAGGLING
MAVERICK
OPTOMETRIST
CHECKERBOARDS

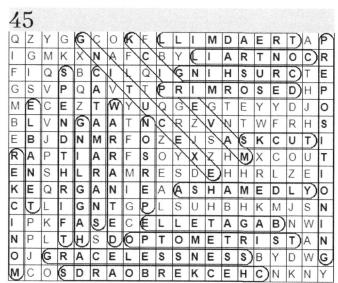

SEAM
OVERBALANCING
ANGERED
SIDETRACKS
UNCIVILIZED
WRAPPING
TOE
BOTTOMLESS
CAISSON
SARTORIALLY
GOPHER
CACKLES
RINGLEADERS
SURCEASING
TRANSIENT
GAMINS
TRUSSES
ADVANTAGE
POLLUTION
POMPOUSNESS

46

SCOOP
TABOO
GLUEY
CASUALNESS
CARNIVORES
DESERVEDLY
GALLON
FORENOONS
VENT
AGGRESSOR
FEASIBLE
CORRECT
INSTIGATE
SUPERNOVA
GOITRES
NAUSEOUS
ORIENTED
MILD
ANGORA
RIMS

47

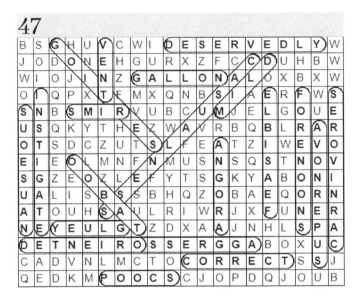

ANNULLING
SINUSES
CELEBRANTS
PROSTHESIS
OPPRESSED
SHORTAGE
DECEIT
EXPOSTULATIONS
GLOW
KITTENISH
DITCHES
SUPERVISIONS
UNDULATED
COMPILATION
SPECIALIZATIONS
STURGEONS
DIPHTHONG
EXPOUNDS
BUDDED
CORTEXES

48

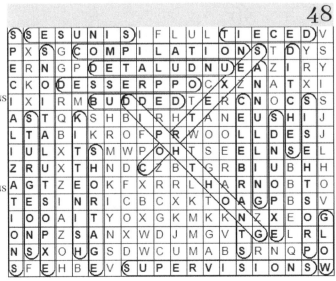

MEANEST
NOSTALGICALLY
STRICTER
NETTLED
EPICUREAN
BEAKER
SHOWPLACE
SWAINS
UNDERWROTE
GAMER
FLY
SCRAPPED
RIFFS
MAUDLIN
TRUMPET
PERCALES
TUMULTS
TOBOGGANED
PARENTHESES
SWAPPING

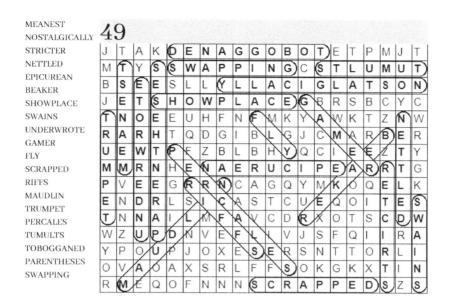

ROBED
BLOSSOMING
WARPED
BLACKCAP
DOGGONES
LAUNDERING
GODLIER
DISC
OPIATE
UPSURGED
DISPROPORTION
ENDURE
TEMBLORS
OBLIGATES
BLINDEST
LOOTER
UNSCATHED
SNORKELERS
RICED
BODYGUARD

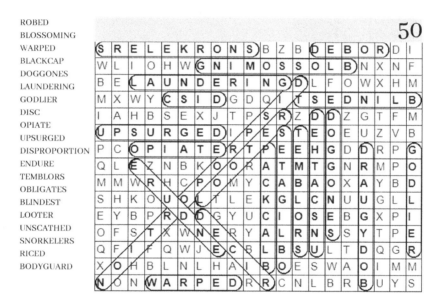

GUNWALE
VENDED
PAN
SCALLOP
UNSUPPORTABLE
DEBAUCHES
DEFTLY
AILS
DOWN
INCULPATES
BOATERS
COBWEB
VELDT
VILIFY
INDICATORS
SASHAYS
PERPLEXITY
ETYMOLOGICAL
OVERCOMPENSATED
SUPERINTENDENCE

EXPOS
CAFFEINE
CLIPPERS
VOGUING
COMPACTORS
MEDIATION
COUNTERFEITS
CHURCH
JOLTS
NONPLUSES
ROTARIES
GATED
LANDLORD
PHILOSOPHY
DEPOTS
OBITUARIES
INDISPENSABLY
ORGANIZATION
ENCODE
REAPS

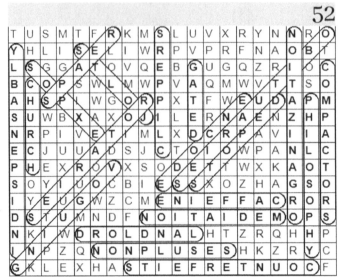

LACONIC
PAVEMENTING
PENCILING
SPECKLES
LINKUPS
SUBBASEMENTS
SHAMS
SECRETARIAL
PRECEDED
REMOTELY
CLEARINGHOUSE
ASSOCIATION
LONGED
REVVING
FIAT
STERNS
SIGNALED
DO
PURULENCE
DISCOURAGINGLY

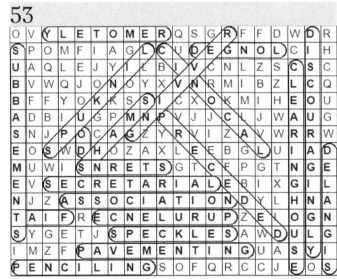

HARDWARE
SULKS
CORSE
KNOTTIER
JAWBONES
SEMINARY
FICTITIOUS
CORRESPOND
MILLSTONES
TELEGRAPH
AERODYNAMIC
IDOLIZED
UNDO
TAPEWORMS
DOLES
REPUBLISH
INVESTOR
VIVACE
IMBROGLIO
ENFORCES

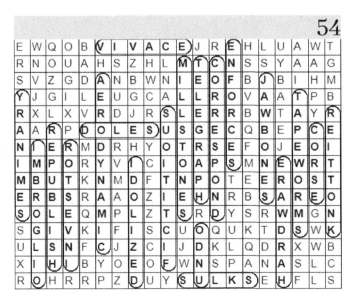

55

JUSTNESS
ENERVATE
OIL
BATTLESHIPS
UNCOILED
SNOWS
DRIZZLIER
FABULOUSLY
SIMPERING
SLUDGES
INUNDATION
NUCLEAR
ALARM
DESERVE
OVERCOOK
PRITHEES
TINKLING
TRACINGS
CACKLED
ITERATION

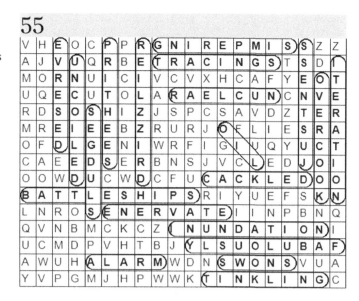

56

RESORT
PARAPLEGIC
IMPROVIDENT
MYSTICAL
HYPERVENTILATING
QUARTERDECKS
DRAGONS
TIRADE
ABNEGATION
ARCANE
MILLINER
APOLOGY
TRESPASS
LIVELIHOOD
THRIVEN
CEDILLA
EMERGING
APARTMENTS
TESTY
KNIGHTING

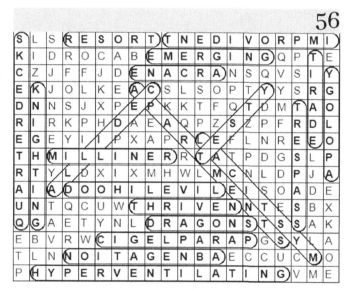

57

BUGS
ADJOURN
BRISTLE
ASSISTS
UNAPPRECIATIVE
ENQUIRY
BOWED
AMBITION
SASSIER
STATUARY
FORGOT
GRIDS
TURNABOUT
BABBLERS
LAYPERSON
DOWAGER
FORMALLY
DERAIL
VIES
ANOTHER

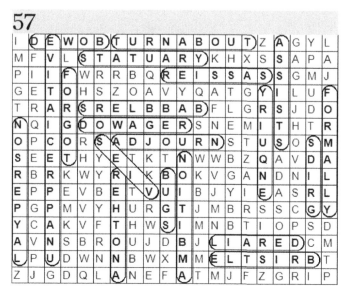

58

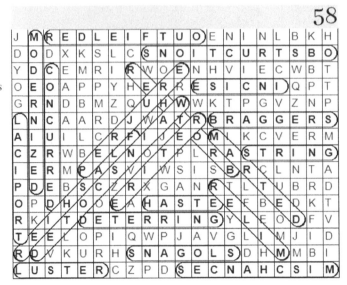

59

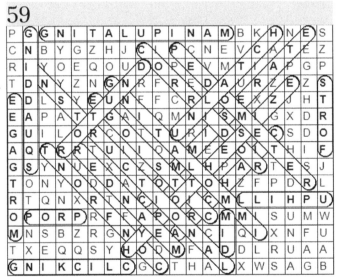

60

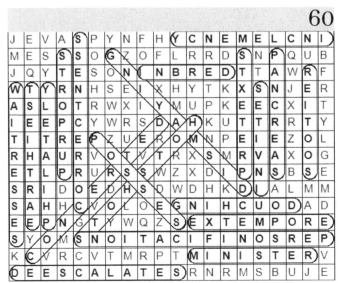

61

ABSCESS
FUTILITY
EUNUCH
HOREHOUND
UNCOOKED
COMER
UNHURT
MUMMIFYING
AROUSAL
SHOWS
WELDER
ZEAL
CORNER
TANGENT
DISCREDIT
PRIVATEER
AERY
YELPS
SAVERS
INTERACTION

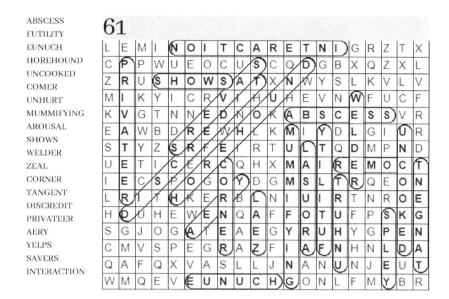

62

CRAVAT
DELIGHTED
INTERNED
REDISTRICTING
WHEATENS
INSTANCING
REEKING
GIVEAWAY
BUBBLIEST
AFFILIATE
DISCONTINUATION
MINTED
SNIPPING
EAT
LA
CATHEDRALS
NONALIGNED
COCKPIT
MANUALS
CHINSTRAPS

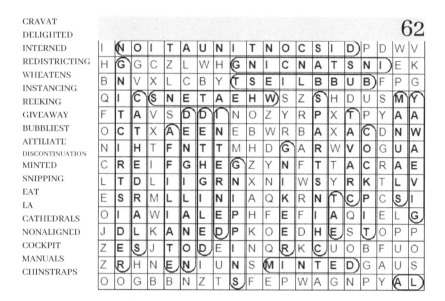

63

HONORARIUMS
SNORKELING
OXYACETYLENE
WATCHTOWER
CHOOSEY
LIFESPANS
CUSTOMIZED
RADIATIONS
SORROWED
TRANSATLANTIC
SHEET
SWIRLY
INFILTRATION
MAINSTREAM
LAUGHABLY
INDISPENSABLES
EDGE
ECOLOGY
GHOSTWRITER
PUFF

Puzzle 64 word list:

- PATRONYMIC
- SPONGIER
- SOARED
- ASSUREDS
- WARHORSE
- FEEDBAGS
- DISARRAY
- COMMUNAL
- SCOURER
- PILLOW
- DUTY
- IAMBIC
- HYGIENIST
- COMMISSIONED
- RENASCENCES
- WHEEL
- MAJORLY
- FORGAVE
- BUSHINGS
- PINCH

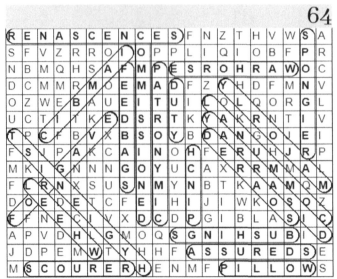

R	E	N	A	S	C	E	N	C	E	S	F	N	Z	T	H	V	W	S	A
S	F	V	Z	R	R	O	I	O	P	P	L	I	Q	I	O	B	F	P	R
N	B	M	Q	H	S	A	F	M	P	E	S	R	O	H	R	A	W	O	C
D	C	M	M	R	M	O	E	M	A	D	F	Z	Y	H	D	F	M	N	V
O	Z	W	E	B	A	U	E	I	T	U	I	L	O	L	Q	O	R	G	L
U	C	T	I	T	K	E	D	S	R	T	K	Y	A	K	R	N	T	I	V
T	P	C	F	B	V	X	B	S	O	Y	B	D	A	N	G	O	I	E	I
F	S	J	P	A	K	C	A	I	N	O	H	F	E	R	U	H	J	R	P
M	K	I	G	N	N	G	O	Y	U	C	A	X	R	R	M	M	A	L	L
F	L	R	N	X	S	U	S	N	M	Y	N	B	T	K	A	A	M	Q	M
D	O	E	D	E	T	C	F	E	I	H	J	I	W	K	O	S	Q	Z
F	F	N	E	C	I	V	X	D	C	D	P	G	I	B	L	A	S	I	C
A	P	V	D	H	G	M	O	Q	S	G	N	I	H	S	U	B	I	D
J	D	P	E	M	W	T	Y	H	H	F	A	S	S	U	R	E	D	S	E
M	S	C	O	U	R	E	R	H	E	N	M	F	P	I	L	L	O	W	S

65

Puzzle 65 word list:

- TESTIFY
- THYMUSES
- SLANDERS
- CRAMS
- SNOBBERY
- SMALLEST
- UPLIFTING
- RETARDATION
- ADMINISTERS
- DRIVEL
- INFLATE
- LEGGING
- ENGINEERING
- FORKING
- SEARCH
- VICTUALING
- MISTIMES
- ADORABLY
- FLAPPED
- DEFER

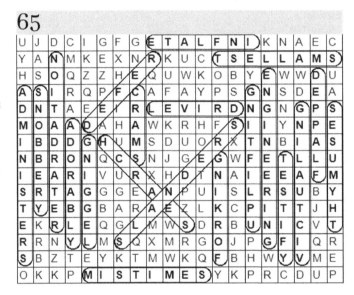

U	J	D	C	I	G	F	G	E	T	A	L	F	N	I	K	N	A	E	C
Y	A	N	M	K	E	X	N	R	K	U	C	T	S	E	L	L	A	M	S
H	S	O	Q	Z	Z	H	E	Q	U	W	K	O	B	Y	E	W	W	D	U
A	S	I	R	Q	P	F	C	A	F	A	Y	P	S	G	N	S	D	E	A
D	N	T	A	E	E	I	R	L	E	V	I	R	D	N	G	N	G	P	S
M	O	A	A	D	A	H	A	W	K	R	H	F	S	I	I	Y	N	P	E
I	B	D	D	G	H	U	M	S	D	U	O	R	X	T	N	B	I	A	S
N	B	R	O	N	Q	C	S	N	J	G	E	G	W	F	E	T	L	L	U
I	E	A	R	I	V	U	R	X	H	D	T	N	A	I	E	E	A	F	M
S	R	T	A	G	G	G	E	A	N	P	U	I	S	L	R	S	U	B	Y
T	Y	E	B	G	B	A	R	A	E	Z	L	K	C	P	I	T	T	J	H
E	K	R	L	E	Q	G	L	M	W	S	D	R	B	U	N	I	C	V	T
R	R	N	Y	L	M	S	Q	X	M	R	G	O	J	P	G	F	I	Q	R
S	B	Z	T	E	Y	K	T	M	W	K	Q	F	B	H	W	Y	V	M	E
O	K	K	P	M	I	S	T	I	M	E	S	Y	K	P	R	C	D	U	P

Puzzle 66 word list:

- OSCILLATION
- OFFENDING
- RECTOR
- DISFAVOR
- FLOURIEST
- LYNXES
- SWABBED
- MARBLED
- GLEAMING
- NAPOLEON
- INDISPUTABLE
- FORAGING
- PYGMIES
- REROUTE
- INCINERATED
- ACHE
- BELCHES
- NATIONALIST
- POLITICO
- UNIONIZE

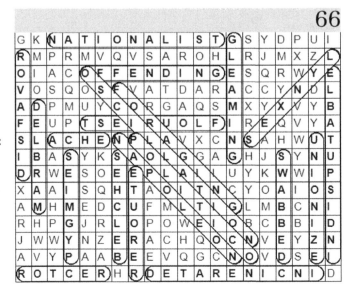

G	K	N	A	T	I	O	N	A	L	I	S	T	G	S	Y	D	P	U	I
R	M	P	R	M	V	Q	V	S	A	R	O	H	L	R	J	M	X	Z	L
O	I	A	C	O	F	F	E	N	D	I	N	G	E	S	Q	R	W	Y	E
V	O	S	Q	O	S	F	V	A	T	D	A	R	A	C	C	Y	N	D	L
A	D	P	M	U	Y	C	O	R	G	A	Q	S	M	X	Y	X	V	Y	B
F	E	U	P	T	S	E	I	R	U	O	L	F	I	R	E	Q	V	Y	A
S	L	A	C	H	E	N	P	L	A	V	X	C	N	S	A	H	W	U	T
I	B	A	S	Y	K	S	A	O	L	G	G	A	G	H	J	S	Y	N	U
D	R	W	E	S	O	E	E	P	L	A	I	U	Y	K	W	W	I	P
X	A	A	I	S	Q	H	T	A	O	I	T	N	C	Y	O	A	I	O	S
A	M	H	M	E	D	C	U	F	M	L	T	G	L	M	B	C	N	I
R	H	P	G	J	R	L	O	P	O	W	E	I	O	B	C	B	B	I	D
J	W	W	Y	N	Z	E	R	A	C	H	Q	O	C	N	V	E	Y	Z	N
A	V	Y	P	A	A	B	E	E	V	Q	G	C	N	O	V	D	S	E	L
R	O	T	C	E	R	H	R	D	E	T	A	R	E	N	I	C	N	I	D

67

QUAIL
COLOURS
REUNIFIED
SYMPOSIUMS
YEAS
MERCENARIES
WANTONNESS
LITTORAL
EXPERIMENTERS
COIGN
SANCTIFICATION
OTHERWISE
CALYXES
WIVES
CHICKADEE
PRESSMAN
HOLED
TANTRUMS
ROSINESS
PATRIOTICALLY

```
P I Y H D Y S Y M P O S I U M S J Y T N
S G G B E J T I X H L I A U Q G S L Q O
S T Q U L J J C W I V E S M E G R L C I
E M G Z O W R M W A C X X T P M W A H T
N E T P H S V K O O W P G A R S E C I A
N R I Z U T Q I L D S E F N E A Y I C C
O C W V T C N O C A G R F T S E R T K I
T E H L X G U K T W W I E R S Y Y O A F
N N Y Z R V F F A Y M R U M M G I D I
A A F O S J I E U Z Q E B M A A M R E T
W R C L A R O T T I L N P S N V D T E C
J I E Z T K P A X U E T F T G D Q A P N
T E E K N A Z I O T H E R W I S E P Y A
H S D E I F I N U E R R D L C V W R I S
D V M C A L Y X E S A S R O S I N E S S
```

68

YUCKIEST
AIRCRAFT
INCANDESCENTS
SCORECARD
SCURVIER
SAYING
GENERATES
WEAVERS
MIDWIFE
MUFFLE
WAVEFORM
TENABILITY
LIBRARY
CODDLING
FORNICATING
QUARTERLIES
ASPIRE
PORTRAITURE
PAILFUL
PRIVATEST

```
O B W A J X L L V Q M U F F L E G L C L
T E N A B I L I T Y P R I V A T E S T L
M I N C A N D E S C E N T S N R C E F C
L U F L I A P F R U J F S R E V A E W G
W A P O R T R A I T U R E Y L N Q Z Z E
M M I R C O D D L I N G F K R J T V E N
F R U R M S F O R N I C A T I N G I M E
E O R F C W R S O L L W F G A S P N J R
D F E Q L R D Y T G D Z T L J X A X A
I E I Q W K A B T G R Z H K A V A D R T
R V V E I V R F Q U A R T E R L I E S E
C A R E A A P J T S T S E I K C U Y X S
C W U W R Y S C O R E C A R D G E O V H
Y K C Y W E T D M Q A S P I R E E S Y Y
G Z S I G N I Y A S M I D W I F E C G B
```

69

SUBSECTIONS
SALLOW
REPEATING
CURTAINING
OFFICIALLY
POLICES
SLOUCHIEST
PALEONTOLOGY
GROUNDLESS
IRKS
WADI
SCUBA
BEVIES
ABET
HOBNOBBED
LUCKIEST
LIBRARIAN
ASSASSINS
CORROBORATION
MISUNDERSTANDING

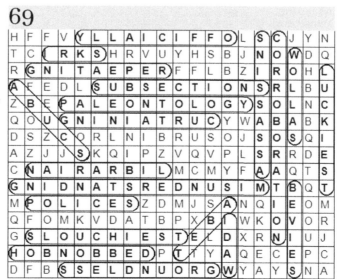

```
H F F V Y L L A I C I F F O L S C J Y N
T C R K S H R V U Y H S B J N O W D Q
R G N I T A E P E R F F L B Z I R O H L
A F E D L S U B S E C T I O N S R L B U
Z B E P A L E O N T O L O G Y S O L N C
Q O U G N I N I A T R U C Y W A B A B K
D S Z C O R L N I B R U S O J S O S Q I
A Z J J S K Q I P Z V Q V P L S R R D E
C N A I R A R B I L M C M Y F A A Q T S
G N I D N A T S R E D N U S I M T B Q T
M P O L I C E S Z D M J S A N Q I E O M
Q F O M K V D A T B P X B I W K O V O R
G S L O U C H I E S T E L D X R N I U J
H O B N O B B E D P T T Y A Q E C E P C
D F B S S E L D N U O R G W Y A Y S N A
```

EDGY
LANDING
INSTILLING
DAFFIER
VALLEY
JALOPY
ICKIEST
ROUTINIZE
STRUCTURAL
TANKS
DITTOES
BISECT
WINDBURNING
RIGS
HELPER
GROCERY
CRITICIZE
UNTESTED
DISAPPEARANCE
FREEBOOTER

SACROSANCT
CAROUSERS
NIGGLE
CATHARSIS
ENDING
PROJECTIONISTS
LEER
ANTEROOM
STEEPLY
VALE
LEVERAGED
BOOTBLACK
TROLLS
RECONSIDERS
LANGUAGE
UPTIGHT
TURNIPED
MOPEDS
MAINLINES
RAGGEDIEST

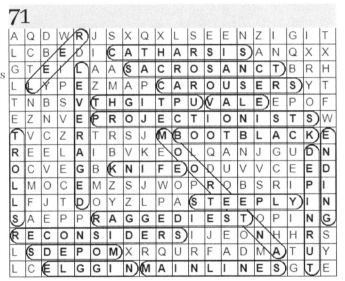

DEODORANT
AFTERWORDS
PEDANTICALLY
RESOUNDS
GOUGES
GRAMMATICALLY
INTAKE
LOVINGS
REBUKES
SANCTION
COUNTRIFIED
AILERONS
ADVISORIES
CRANIUMS
ARMADILLOS
CLOCKWORKS
MISLAYING
ADDRESSED
BRASHNESS
CLAMMINESS

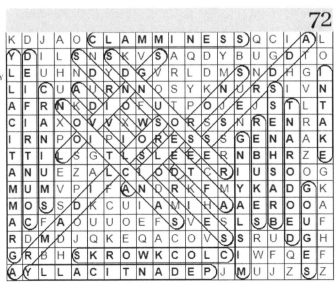

73

Word list:
IMMERSING, FUSTIAN, NUMBLY, DISEMBARKATION, TROUTS, CATHODE, SNOWPLOWED, COWLICK, TATS, APHORISM, BETTER, ANTITHETICALLY, AFFABLEST, DAYLIGHTS, HARPSICHORD, LACUNAE, CRUMPLING, PATENTS, DISHCLOTHS, GOB

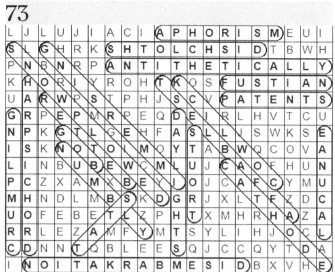

74

Word list:
DECRIMINALIZES, CAROUSAL, PITILESSLY, WRIT, INCLUSIVELY, BEECH, STARVING, DEFERMENTS, COPULATES, FORMULAIC, CHICANERIES, ANGST, SAFETIES, INEBRIATES, BEMOANED, BULLET, CHOOSY, NICER, PETULANTLY, STALLIONS

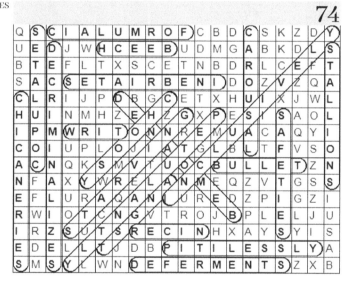

75

Word list:
TEABAG, FADDISH, RANKINGS, INDELIBLY, DECIMATES, POLYHEDRONS, FAR, CROSSBARRING, DISADVANTAGE, REEVALUATED, PERISHABLES, TREFOILS, GROUSE, SYNTHESIZED, REQUESTS, SHOWBOATS, DOTTY, OXYGENATES, ACRYLIC, SNOOPED

MONKEY
FORGETTABLE
DOCKETED
CHIROPRACTIC
POSTGRADUATE
FORTUNE
GAZETTEERS
DINGHIES
MISTRESS
PERSONALS
LOOSEST
REVELATIONS
BALEFULLER
SLEEPIER
INSPECTION
BEDRAGGLING
SMITHS
VINDICATE
ENERGETICS
TENDERLY

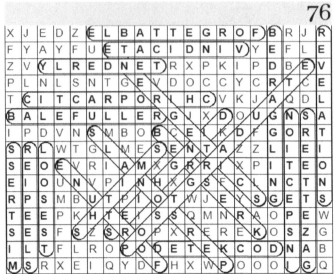

MISRULING
GRIMACE
SHROUDED
LITIGIOUS
DEEMED
RIOTING
GUIDELINES
BALLOTS
OLDIES
COAUTHORS
PERFECT
COALESCENCE
ARGOSIES
HACIENDAS
FIN
WATERFRONT
NIFTIEST
NIGGLING
DECAL
SCHOOLYARD

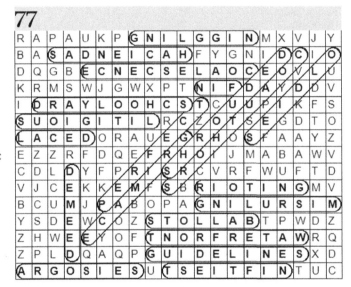

INHALED
DISCOURSING
FLOATING
INSOUCIANT
CREDENZAS
SUPPLEMENT
MELANCHOLY
CHERISHED
DECEASES
SCAFFOLDS
FAZES
THINKING
SAGGING
FEES
UNITE
PRUNING
PLOP
SQUELCH
SPARSITY
NEGLECTFULLY

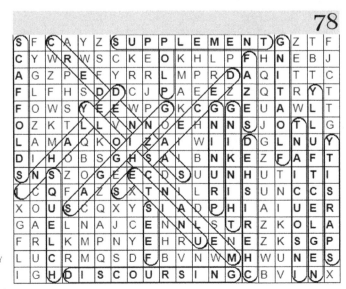

79

CLUTCHED
TZARS
BOY
OBJECT
INPUT
WORLDLIER
WAVINESS
SPOTLESSLY
TOGAS
POLE
DUMP
BROOCH
ADDICTING
SCRAMBLERS
EARNS
SYMPATHY
FATIGUES
PROPAGANDIST
PRONUNCIATION
COMPARTMENTALIZE

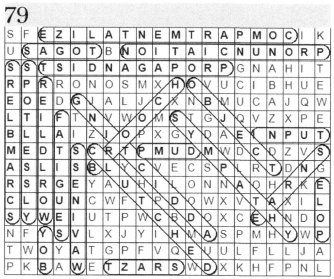

80

MARKUPS
SPITTING
INSURE
TENURING
LUNGER
INSTRUCTS
DEBUTING
NOVELLA
VISCOSITY
REVENUE
WILINESS
PUBERTY
DISPORTS
TRIFLED
FOOTING
CIVILIZATIONS
ALIEN
INCORPORATING
SIMPLY
PAYDAY

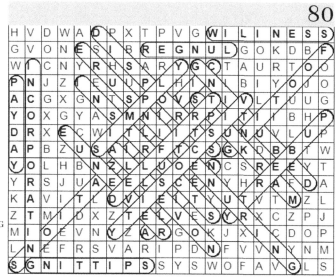

81

ONUSES
PECKER
WADDLES
VULNERABILITIES
VERBS
SHARD
UNNAMED
UNDEREXPOSES
SHORELINE
BURNT
COLOGNE
IMPRESSIVE
ELECTIONEERING
THICKETS
ASCENDING
PENANCES
VERTEX
AUDIENCE
FINANCING
DISREGARDED

FOUNDER
TEACHER
LOGS
CHANCELLOR
MISSPENDS
HEMATOLOGISTS
KIND
KING
HALOES
MANTES
REPORTING
PROFESSIONS
MAELSTROM
ENNUI
VIRULENCE
DELINEATION
HOMICIDES
DEFICIENCIES
STANDBYS
HILT

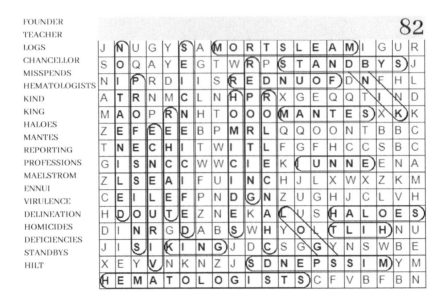

BRASSES
UNOPPOSED
BOBBINS
WALLABIES
BREASTWORK
ASTOUNDINGLY
INFIRMARIES
DOZENS
SCALDING
SERENDIPITY
LOOKED
FLORIN
HEREUPON
LONG
SLUMMING
MOLEHILL
MINIMIZED
SKINFLINT
GROWN
COMITY

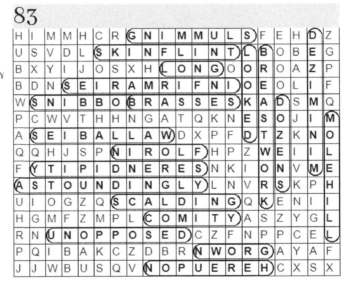

PRESSURIZING
OBTAINS
MAGISTERIALLY
PROCREATIVE
MODULATOR
CHEW
FUSING
EMBLEM
DUNK
LAVENDERS
HANDSETS
ROUNDING
BOMBINGS
ROTTENNESS
DOPED
SHOOTER
RABBLE
HANDCRAFTED
TURNOVER
DULL

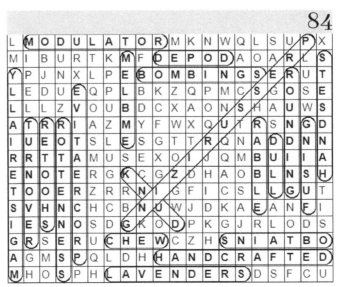

85

ISOSCELES
MEGASPORE
ULNAS
SUBJECTIVES
DISCOVER
TRAIN
PACIFIST
HOUSEMAID
SUBSIDIZE
TELETYPE
PEPSIN
THIMBLES
DIAGNOSTICIAN
POSITIVISM
BIVOUACS
PERIODONTAL
STYMY
CAPTIVES
NORTHERNERS
SAILED

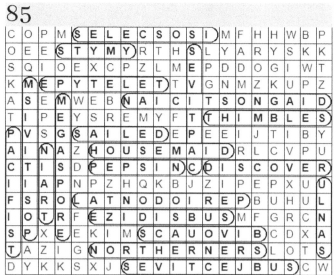

```
C O P M S E L E C S O S I M F H H W B P
O E E S T Y M Y R T H S L Y A R Y S K K
S Q I O E X C P Z L M E P D D O G I W T
K M E P Y T E L E T T V G N M Z K U P Z
A S E M W E B N A I C I T S O N G A I D
T I P E Y S R E M Y F T T H I M B L E S
P V S G S A I L E D E P E E I J T I B Y
A I N A Z H O U S E M A I D R L C V P U
C T I S D P E P S I N C D I S C O V E R
I I A P N P Z H Q K B J Z I P E P X U U
F S R O L A T N O D O I R E P B U H U L
I O T R F E Z I D I S B U S M F G R C N
S P X E E K I M S C A U O V I B C D X A
T A Z I G N O R T H E R N E R S L O T S
D Y K K S X J S E V I T C E J B U S C W
```

86

ADJUST
IMMATURITY
COBBING
CODIFY
TOWNS
ENROLLMENT
HOOKED
LINEMAN
SMIRCHED
DEPRESSIVES
LACROSSE
ROBUSTER
PLURALS
FANCIER
FACETIOUS
BLUR
COARSENS
NASALIZES
TIMPANIST
DIZZILY

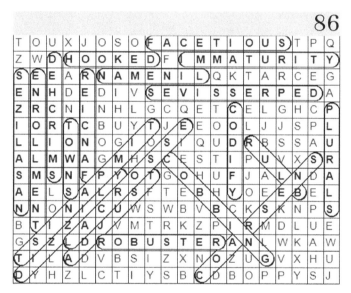

```
T O U X J O S O F A C E T I O U S T P Q
Z W D H O O K E D F I M M A T U R I T Y
S E E A R N A M E N I L Q K T A R C E G
E N H D E D I V S E V I S S E R P E D A
Z R C N I N H L G C Q E T C E L G H C P
I O R T C B U Y T J E E O L J J S P L
L L I O N O G I O S Q U D R B S S A U
A L M W A G M H S C E S T I P U V X S R
S M S N F P Y O T G O H U F J A L N D A
A E L S A L R S F T E B H Y O E E B E L
N N O N C U W S W B V B C K S K N P S
B T I Z A J M T R K Z P I R M D L U E
G S Z L D R O B U S T E R A N N W K A W
T L A D V B S I Z X N O Z U G V X H U
O Y H Z L C T I Y S B C D B O P P Y S J
```

87

PHENOMENAL
TANGLES
SURREPTITIOUS
REPUTED
ACTUALIZATION
CHARACTER
UPENDING
HEAD
DEBS
BEAUTIFY
ACTUALIZING
MARGINALLY
LITIGANT
PECCADILLO
FEMALE
PROSCRIPTION
PANHANDLE
CESSIONS
WAGON
FROSTILY

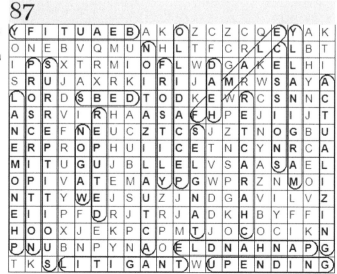

```
Y F I T U A E B A K O Z C Z C Q E Y A K
O N E B V Q M U N H L T F C R L C L B T
I P S X T R M I O F L W D G A K E L H I
S R U J A X R K I R J A M R W S A Y A
L O R D S B E D T O D K E W R C S N N C
A S R V I R H A A S A F H P E J I I J T
N C E F N E U C Z T C S J Z T N O G B U
E R P R O P H U I I C E T N C Y N R C A
M I T U G U J B L L E L V S A A S A E L
O P I V A T E M A Y P G W P R Z N M O I
N T T Y W E J S U Z J N D G A V I L V Z
E I I P F D R J T R J A D K H B Y F F I
H O O X J E K P C P M T J O C O C I K N
P N U B N P Y N A O E L D N A H N A P G
T K S L I T I G A N T W U P E N D I N G
```

PROCLIVITY
BLOODSTAINS
HOUNDED
CRUXES
SHEDDING
IMMUNIZED
MANUFACTURED
TAUTOLOGICAL
SETTABLE
REDISTRICTED
VIVIFIES
AUTOCRACIES
BUGBEAR
HORSEWOMEN
LEGATEE
UNGUARDED
COATER
UNPROVEN
CAROLS
UNPRECEDENTED

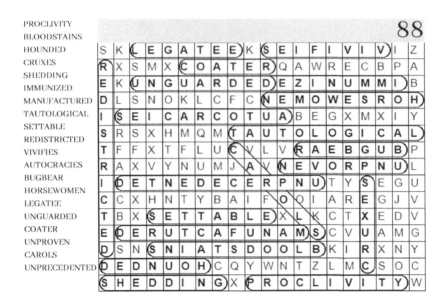

FREELANCERS
SEEDS
AMBASSADOR
REPROOF
GIMLET
PAPERHANGER
IMPRESSES
STEERAGE
COLLEGIATE
EXPERT
ANTIPARTICLE
TWAIN
BLEAT
NUDGES
CREASED
VARIATION
TRAIPSED
CONSCIENTIOUS
PORTRAYALS
WILL

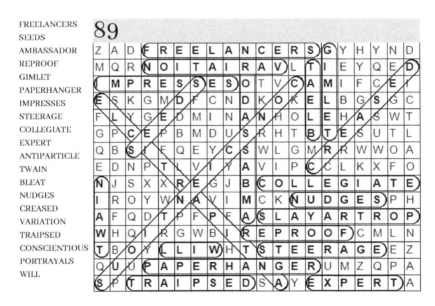

INTERMINGLED
BURGLARIZED
INDEFENSIBLY
DAMNS
DISPARATES
BUNGLE
RESERVES
LANDWARDS
MONOXIDES
THOUSANDS
DOVETAIL
SHEATHE
CONICS
REGENERATING
METERS
OUTSMARTING
INCOME
FACETS
INTELLECTUALISM
REPASTED

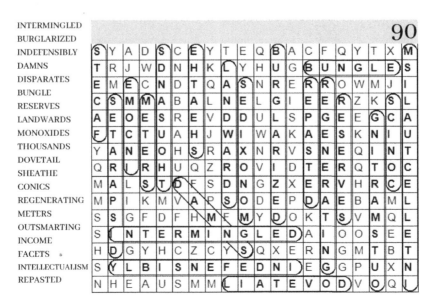

91

WAISTBANDS
SYLLABLE
ORIGIN
VISUALIZING
WANNABE
LIGHTENED
RELIEFS
MARKSMEN
HERETIC
CONTENTIOUS
MYOPICS
CARSICKNESS
QUANTUM
THREATENINGLY
PLATITUDE
PITHY
DOUCHED
SULFURIC
DEFORESTATION
EXCAVATED

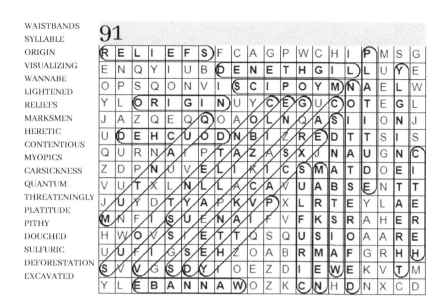

92

ENTRENCHED
LAKING
NONRENEWABLE
DENOTING
FELLS
PEEPHOLE
NIGH
REVALUED
RUINED
FROTHED
ZOO
MISSPELLINGS
PASSIONATE
TRANSFORM
CACHET
SAFEGUARDS
FINITE
UNASSAILABLE
MUTINYING
EMAILING

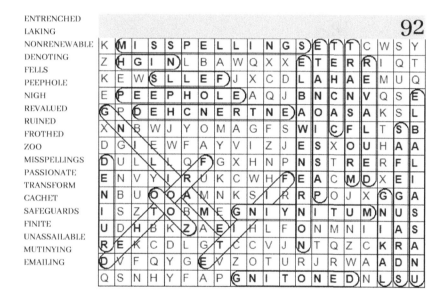

93

BOOTSTRAPS
SEEKER
PITTANCES
MACAWS
PUBLICITY
NARCISSUSES
VAGABONDED
MARINES
VIVISECTION
DEMORALIZES
DISCOLORATIONS
REINSTATES
CONNIVANCE
UNSATISFACTORY
CENTRIFUGE
SICKLE
VERTEBRATE
DIVULGING
DERMATOLOGY
TENACITY

COLLIE
PHOTOSYNTHESIS
TELEPHONIC
OVERACHIEVES
DESIGNATIONS
GUNFIGHTS
CLAYIEST
PERUSAL
STANKS
EXCULPATE
ICEBREAKER
ELECTROLYSIS
OVULE
GOGGLE
LEGALLY
CHECKING
STUCCOING
INEFFICIENCY
ACTIVITIES
DOES

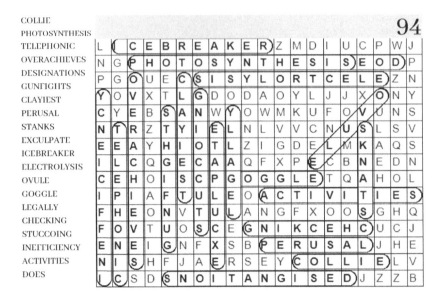

FEELING
SOLECISMS
CHOPSTICKS
STEADIER
SEQUESTERING
PYROTECHNIC
PEDAL
COVENANTS
MOMMY
WRETCHEDEST
SKETCHING
FUNGICIDAL
SNOTTED
SOFTEN
FOILS
LIGHTEN
KEEL
CULTS
ATTACHMENTS
UNNERVES

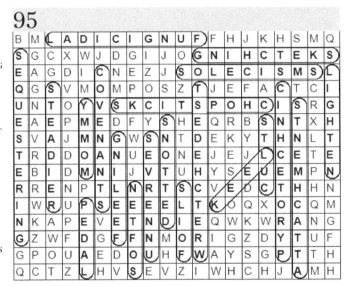

ROYAL
GROUCHING
SCONCE
NUTRIMENTS
TRUSTEES
HIP
CLEVES
SAVAGELY
BEACHING
ANNOUNCER
HARASSES
BULLOCK
MODULES
ENCIRCLE
PEACHES
HERMITS
SWIMS
OPTION
DESERTED
CONSTRICTING

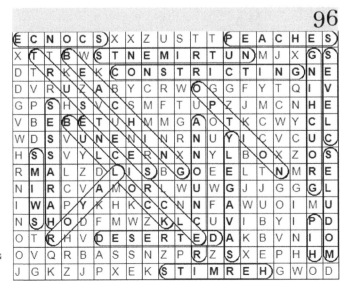

97

SEA
MENHADEN
SEPTA
TOPOGRAPHICAL
INTERURBAN
ANSWERED
DEPRIVES
PAPYRUS
PROPELLED
ARMORER
EXTRINSIC
PRIMED
TRIMESTER
DWARF
CHOCKS
SWELTERED
COUNTERPART
QUICKNESS
SYMBOLIZING
CONSTITUTIONS

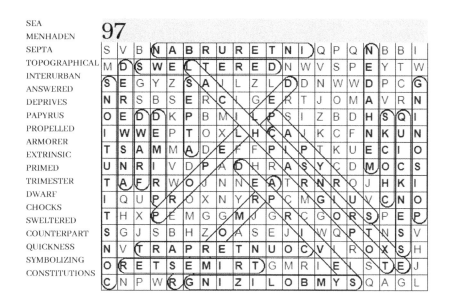

98

MESDEMOISELLES
HOMEOWNER
ROUGHENS
RECONDITE
WHEEZE
MISCHIEFED
EXPLETIVE
TUNEFUL
SEALSKIN
HEAPS
CONSECRATION
HOMY
CAMPAIGN
RECONFIGURED
GRILLS
LAVENDERED
EUNUCHS
PANDERING
RARE
THRIFTINESS

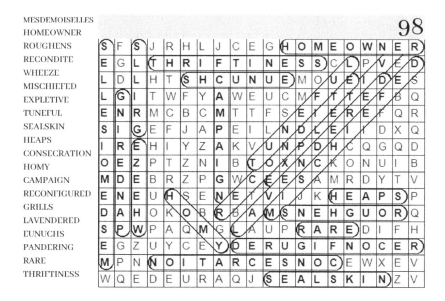

99

HAPPY
ROAMS
REJOICING
MEDIC
RESTORER
SAGAS
LABORERS
TIDIEST
SOCIALIZE
PROOFREAD
SCULLIONS
MACHINE
SHARKS
THEFT
UNHINGING
UNMEMORABLE
SAMBAS
FLICKED
WHETSTONES
MEMORIES

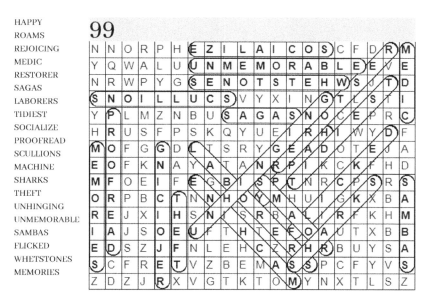

ACCEDING
SANDMAN
BATTENS
EMULATOR
REDISCOVERED
WITHER
BLUDGEONS
LOWBROWS
FATHERLESS
CHILIES
RISKING
WINCING
GUIDELINE
BUGGIES
ECLIPTIC
ALLEGATIONS
HERBIVORE
PROPRIETARY
VILE
STENOGRAPHY

DOUBTED
WORTHLESS
STEADINESS
ADVISES
DINE
SEWERAGE
CANNILY
INTERLEAVES
CONFEDERATE
BOWLERS
RATIONALISM
PROTON
PET
SLEDGES
PEDIATRIC
ASSUAGED
GNEISS
ZIPPERS
SCARRED
REDRESSED

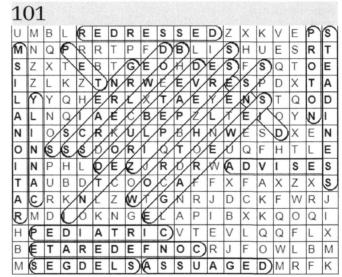

Thank you for purchasing this book. If you enjoyed this title, then feedback on Amazon would be greatly appreciated. If you are not satisfied with this book, then drop us an email at bandbccompany@gmail.com and we will do our best to sort the problem.

Want FREEBIES?
E-mail us "Word Search"
at bandbccompany@gmail.com

Thank you for your amazing support!

Made in United States
North Haven, CT
18 December 2021